仕事ができる人はなぜ筋トレをするのか

山本ケイイチ

GS
幻冬舎新書
087

はじめに

ビジネスパーソンがこれからの時代を生き残るのに有益なスキルは、「英語」「IT」「金融知識」とよく言われる。私はここに「筋肉」を加えたい。筋肉を鍛えることは、いまや単なる趣味やレクリエーションではなく、「将来的に大きなリターンを生む自己投資」である。時代を察知する能力の高いビジネスパーソンは、すでにそのことに気づいて、仕事に取り組むのと同じぐらい熱心に、筋肉を鍛えることに時間とお金を投資している。

私はこれまでパーソナルトレーナーとして多くのビジネスパーソンを指導してきた。そこで得た結論がある。

それは「仕事ができる人は、トレーニングをやっても優秀である」ということだ。

『トレーニング辞典』（石井直方総監修　森永製菓株式会社健康事業部企画発行）によれば、トレーニングとは、

日常生活における活動とは異なり、体をよい方向へと変えていくために意図的に行う運動

のこと。体の発揮する力を増大させる目的で行うと定義される。

トレーニングによって体によい変化を起こすのに、過去における運動経験の有無や、身体能力の高低はほとんど関係ない。

どのようなエクササイズをどのぐらい行うかといったプログラムの良し悪しはもちろん重要だが、それも、成否を分ける決定的な要因ではない。

では優秀なビジネスパーソンが、トレーニングにおいても成功を収めることができるのはなぜなのか。それは、

トレーニングの目的を明確にする
←
有効で現実的な目標を、期限と数値で設定する
←
目標達成のためになすべきことを具体的な行動に落とし込む
←
行動を継続するための仕組みをつくる

実行する　←

ということができているからだ。そう、ビジネスもトレーニングも、成果を上げるための方法論はまったく同じなのである。

そしてよいトレーニングができると、体によい変化が表れるだけではない。ストレス発散になる、集中力が高まる、直感力が冴える、精神的にタフになるなど、トレーニングの効果はメンタルにも波及するので、それがビジネスにもよい影響を与える。

そこで、仕事ができる↓トレーニングがうまくいく↓さらに仕事で成果が上がる、という好循環が生まれるのだ。

本書には、「大胸筋を鍛えるには、ベンチプレスを、○キログラム×10回で3セット」とか、「体脂肪を○パーセント落とすには、心拍数を○に上げた状態で、ジョギングを○分」といった、具体的なトレーニングメニューは一切出てこない。

私が本書で伝えたいのは大きく言って二つ。一つは、自分自身のトレーニング体験とクライアントへの指導によって検証してきた「トレーニングの原理原則」であり、もう一つは、優秀なビジネスパーソンから学んだ「よいトレーニングを続けるための考え方」だ。

それさえ身につけておけば、あとは専門家のサポートや、本や雑誌などの情報をもとにして、一生、主体的に体を鍛えていくことができる。

本書はとくに、

・体を鍛える必要は感じるけれど、なかなか踏み出せない

・フィットネスクラブに入ったものの、すぐ挫折してしまった

・ジムには通っているが、惰性になっている、マンネリ化しているといった人には、一歩踏み出すための強力な動機づけとなるだろう。

本書を読むことで、トレーニングについて一生役に立つ正しい原理原則と、成功者の考え方を身につけ、シャープでタフな精神と、鍛えられた筋肉を兼ね備えた「ビジネスアスリート」を目指してほしい。

仕事ができる人はなぜ筋トレをするのか／目次

はじめに　3

第1章　筋肉はビジネススキル　17

筋トレはメンタルに効く　18
自分本来の輪郭を保つ　19
鍛えた肉体は金で買えない　21
最初は俗な目的でいい　23
2、3カ月続けば気持ちが変わる　25
メンタルタフネスが向上する　26
歯磨きするように体を鍛える　28
トレーニング習慣は成功者の条件　29
「できない言い訳」をふっきる手段　31
自分に対してポジティブになれる　32
気持ちの切り替えが上手になる　33
アイディアがどんどん浮かぶ　35
直感力・集中力が高まる　36
危機を察知する感覚が鋭くなる　38

第2章　目的は「続ける」こと　41
半年続けば半永久的に続けられる　42
美しい筋肉はすぐにはつかない　44
人間の体はブラックボックス　45
他人のケースはあまり参考にならない　46
どんな動機だと続かないのか　49
他者からの情報だけに依存する「流行系」　50
健康診断の直前に駆け込む「メタボ系」　51
理想と現実の距離が縮まらない「もてたい系」　52
マイナスからのスタート、「コンプレックス系」　54
心境の変化を観察してみる　55
最終的な目的はQOLの向上　57
効果が出ないからこそ続ける　58
「やめたい」ときは誰にも訪れる　59
中断・再開はエネルギーの無駄づかい　61

第3章 トレーニングの原理原則 65
「画期的で斬新な方法」などそうそうない 66
筋肉を成長させる3条件 67
原則をマスターすれば成果が上がる 69
結果を意識して行動せよ——意識性 69
バランスをとりながら鍛えよ——全面性 70
常に新しい刺激を与えよ——漸進性 71
個性に合った方法を考えよ——個別性 73
やらなければ結果は出ない——SAIDの原則 74
変化が定着するまで続けよ——継続性 75
現状維持にも「負荷」が必要 76
年齢の壁は越えられる 78
第4章 トレーニングの常識・非常識 81
筋トレすると体が重くなる? 82
筋肉をつけると痩せやすくなる? 83

「カロリーオフ」だったらどんなに飲んでも大丈夫？ 84
有酸素運動をすれば痩せられる？ 86
消費カロリーが増えても痩せない？ 88
なぜヨガやピラティスで痩せられるのか？ 90
なぜ胸の筋肉をつけると痩せられるのか？ 91
有酸素運動をするとシワが増える？ 92
筋肉はなぜ暴走するのか？ 93
女性に筋トレは向かない？ 95
筋肉は何歳まで鍛えられるのか？ 97
中学生が筋トレをしても効果がない？ 98
ピラティスで腹筋は割れるか？ 100

第5章 トレーニングがうまくいく人、いかない人

第5章 トレーニングがうまくいく人、いかない人 103
失敗する人には共通点がある 104
成功する人は目的が明確 105
成功する人はスローラーナー 107

健康診断の数値は改善したが――失敗例1 109
体重だけを減らしても――失敗例2 114
ゆっくりペースで目標達成――成功例1 119
一度に多くを変えようとしない――成功例2 122

第6章 食事と睡眠の質を上げる 127

トレーニング効果と生活リズムの密接な関係 128
時間帯によって効果が異なる 129
痩せたかったら朝食前に運動する 131
筋肉をつける食事、痩せるための食事 132
筋トレ前には必ず炭水化物を 132
有酸素運動の前後は「食べない」が基本 134
痩せたかったら4時間おきに食べる 135
食べ方のバランスを変えれば痩せられる 136
しっかり寝ないと筋肉はつかない 139
睡眠にはゴールデンタイムがある 140
「トレーニング的昼寝」の勧め 141

第7章　フィットネスクラブ、トレーナーはどう選ぶ？　143

最優先で検討するのは「通いやすさ」　144
多様化するフィットネスクラブ　145
会費が高いフィットネスクラブは質も高いか？　147
マシンは新しいほうがいいのか？　149
トラブル対応がちゃんとできるか？　151
パーソナルトレーナーの費用対効果　154
パーソナルトレーナーは継続のための「仕組み」　155
フリーランスか内部スタッフか？　157
トレーナーの資格から分かること　158
資格は能力を保証しない　160
口コミ、紹介は重要な判断材料　160
体を見ればレベルはすぐ分かる　161
話し方がしっかりしているか？　162
まずはトライアルから　162
契約内容は文書ではっきりと　163

トレーナーは替えていい 164
一匹狼のトレーナーはだめ 165
真剣に選ぶことはクライアントの責任 166

第8章　できる人のトレーニング 167

もう一度、目的を明確にする 168
トレーナーには大いに夢を語るべき 169
目標設定は正確な現状把握から 170
病歴、飲んでいる薬は正直に申告する 172
自分の要求と現実をすり合わせる 174
トレーニングが成功する仕組みづくり 175
カッコいい自分をイメージする 178
ウエアがおしゃれだと効果も高まる 178
スタイリッシュで機能的なウエアとは？ 180
シューズ選びは機能性を最優先に 181
礼儀正しい所作が一番カッコいい 182
スタッフには笑顔であいさつを 184

できる人は余分なものを持ち込まない 185
気持ちを切り替える「儀式」の勧め 186
終わったらすぐ次回のメニューを決める 188
なりたい自分になるための習慣 190
よりシンプルに、よりショートに 192
プログラムには柔軟性を持たせる 193
思う存分、好きなだけ――20〜30歳の人の基本方針 194
仕事とトレーニングの両立を――30〜35歳の人の基本方針 196
自分で決めたスケジュールを守ること――35〜40歳の人の基本方針 197
できればトレーナーをつけて――40〜45歳の人の基本方針 198
効果を上げるよりケアを優先――45〜50歳の人の基本方針 199
プログラムは6週間ごとに見直しを 200
トレーニング疲労には2種類ある 201
ときには完全休養が必要なことも 204

第9章 筋トレで学ぶ成功法則 207

成功者はマシンの使い方が静か 208

人との距離のとり方がうまい 209
すぐれた首尾一貫感覚の持ち主 210
精神と筋肉に共通する普遍の成長原理 212

プロデュース　レバレッジコンサルティング株式会社
http://www.leverageconsulting.jp/
編集協力　長山清子
図版作成　堀内美保(TYPE FACE)

第1章
筋肉はビジネススキル

筋トレはメンタルに効く

私の職業はパーソナルトレーナーである。パーソナルトレーナーとは、一対一でトレーニングの指導をするトレーナーのことだ。

クライアントの中心は、経営者や企業に勤めるビジネスパーソンで、ここ数年はとくにその比重が高まっている。

いま現場でバリバリ働いている第一線のビジネスパーソンには、体を鍛えている人が非常に多い。彼らは忙しい中でもきちんと時間をとって、定期的に体を動かしている。ジムでウェイトトレーニングをするほか、水泳や、マラソンをする習慣を持つ人も増えている。

とりわけ外資系企業に勤める若手ビジネスパーソンは、トレーニングをしている率が非常に高い。外国人は熱心にトレーニングをするから、同僚に影響される部分もあるだろう。ある外資系金融会社では、社員用のジムを社内に持っているほどだ。

習慣的にトレーニングをすることは、自分の健康を保つことにつながるから、長く元気で働くための重要な自己投資の一つとなる。まさに「体が資本」の実践だ。

しかしトレーニングのメリットは体に関することにとどまらない。

これから述べていくように、トレーニングをすることによって、精神的にタフになる、思考がポジティブになる、直感力が高まる、クリエイティビティが磨かれるなど、メンタル面でのメリットもはかりしれない。

ベストセラーとなった「レバレッジシリーズ」の著者である本田直之さんも、私のクライアントの一人だ。彼は『レバレッジ・シンキング』のなかで「どんなにマインドが高くても、体調が良くないとふだんの力が出せなくなる」と述べて、習慣化されたエクササイズの重要性を訴えている。彼のスケジュール表には、経営する会社の戦略会議やビジネス・ミーティングと並んで、トレーニングの予定があらかじめ組み込まれている。

激務の合間をぬってトレーニングに駆けつけるクライアントに日々接していると、これからのビジネスパーソンは、頭がいいだけでは勝ち残れないということを強く感じる。鍛えられた肉体は、もはやビジネススキルの一つなのである。

自分本来の輪郭を保つ

ある経営者は、「自分がトレーニングをするのは、自分本来の輪郭《りんかく》をしっかり保つためだ」と言っている。

私にトレーニングを依頼してくるクライアントには、仕事で成功し、若くして大金を手にした人が少なくない。彼もその一人で、自由に使えるお金を手にして、最初のうちは車を買ったり、高いお酒を飲み歩いたりしたのだが、やがてそんなことをしても何の意味もないことに気づいた。そんなときに、トレーニングをしようと思い立ったのだという。

きっかけは健康にいいからぐらいの軽い気持ちだったが、次第に、厳しい課題を自分に課すことで、気分が整ってくるのを感じるようになった。「トレーニングによって自分の正しい輪郭さえ常に確認していれば、仕事上、誤った方向に行きそうなときも、すぐに察知して修正できる」とも言っている。

ビジネスで成功すれば、まわりからチヤホヤされる。自分が人間としてビッグになったように思ってしまう。剣道をしたことがある人は分かると思うが、竹刀《しない》のような長い棒を持っただけで自分が強くなったような気になる。それと似たようなものだ。

でもジムに来ればそうではない。

よく「銭湯や温泉に行けば、偉い人もそうでない人も、みんな同じ。裸のつきあいができる」と言う。それと同じで、ジムに行ったら金持ちだろうと貧乏だろうと、いまの自分のありのままの肉体をさらすしかない。

「オレは金を持ってるぞ」と言っても、「懸垂《けんすい》ひとつ、できないのか」と言われればそれまでだ。こればかりはごまかしようがない。代わりに誰か部下にやらせるわけにもいかない。

会社に行けば権力者かもしれないが、実際に走ったら5分も走れない、10キロのバーベルも上がらない。そのふがいなさを自覚すれば、自分がビッグな人間だ、などという幻想は即座に打ち砕かれる。

人は体を鍛えている人を無条件で尊敬する。

たとえばマラソンランナーがテレビでインタビューされているのを見ると、言っていることにウソがないな、と感じる。やはりあれだけの身体能力を持ち、パフォーマンスを発揮するということは、何年も同じことを淡々と続けられる精神力がなければ無理に決まっているのだ。だからこそ、体力がある人、体を鍛えている人、肉体的に自分を律している人に対して、人は自然と尊敬や信頼を寄せる。

そのような尊敬や信頼に支えられて抱く自信は本物だ。

言ってみれば、トレーニングとは、地位も肩書きも抜きにした、素のままの自分を客観的に認識し、それを磨き上げる作業なのだ。

鍛えた肉体は金で買えない

私は職業柄、筋肉のついた体をしている。

私がここまで筋肉を育てるには、10年以上かかっている。昨日や今日、トレーニングを始めたわけではない。10代半ばから、ほとんど毎日欠かさずトレーニングをして、その結果としてこの体がある。

筋肉は、洋服や靴を買うように、お金を出せばその場で手に入るというわけにはいかない。また一度手に入れても、ずっと自分のものになるわけではない。年齢とともに筋肉は衰えていくし、脂肪はつきやすくなる。維持するためには、それまで以上のトレーニングを続けていく必要がある。

いまは金さえ出せば何でも買えると思われている時代だ。「人の心も金で買える」という堀江貴文氏の発言は、多くの非難は浴びたものの、時代の空気をよく表していた。「金さえあれば何でも買える」という発想は、人間の思考を短絡的にしている。そのことは、世の中で起こるいろいろな事件を見ていても感じられる。

結果をすぐ求める。努力しなければ手に入らないと分かると、すぐあきらめる。簡単に絶望して極端な行動に走る。長いスパンで物事を考えたり、他人の気持ちを推し量ったりする余裕が持てなくなっているのだ。

トレーニング雑誌でさえ、最近は「このトレーニングをすれば1週間で筋肉がつく」といった短絡《たんらく》的な記事が増えている。しかし、そんなことはありえない。

プロテインを飲んだからといって、すぐに筋肉が倍になるわけではない。

どんな優秀なトレーナーでも、「お金には糸目をつけないから、明日までに筋肉をつけてくれ」と頼まれても絶対に無理だ。

トレーニングは、短絡的なことばかりがもてはやされている現代において、数少ない、短絡的ではないものだ。

本当にトレーニングの意味を理解したら、「すぐに成果が上がる」「すぐに儲かる」といったうさんくさい謳《うた》い文句に心惹かれたり、お金ですべて解決できるような思想に惑わされそうになったりしても、「いや、そうじゃないな」と気づくことができる。

「生命」や「身体」に関するものは、すべてプロセスを省略することができない。いずれは科学で短縮されるのかもしれないが、いまのところ赤ん坊が生まれるまでにはどうしても10カ月かかる。5カ月に縮めたいといっても無理だ。

農業なども、そういう気の長い仕事である。技術で促成栽培するにも限度がある。米も野菜も果物も、多くの農作物は収穫までに長い時間を必要とする。

プロセスの重要性、粛々《しゅくしゅく》と努力を積み重ねることの重大さに気づくだけでも、トレーニングをする意味はある。

最初は俗な目的でいい

私のクライアントには、地位もお金も手にした人たちが多い。トレーニングを通じて彼らの振る舞いを見ていると、「ああ、成功する人は違うな」と感じさせられることが多い。だが、そのように一流の人でも、最初はけっこう俗な目的で私のところへやってくる。

典型的なのは、「もてたい」→「もてるには痩せるしかない」→「ジムに通って痩せよう」というケースだ。

今の40代は、20代のころにバブルを経験しているためか、あのころに戻りたいという「青春リピート願望」が強い人が多い。金はある。フェラーリもマンションも持っている。奥さんも子どももいる。でもときには若い女の子とデートもしたい。お金が目当てで寄ってくる女の子もいるけれど、やはり男としてカッコよくありたい。いくらいい服を着ていい車を乗りまわしていても、腹が出てちゃ恰好がつかない、というわけだ。

また、過去にスポーツをしていたことのある人は、いまの自分の体に対してコンプレックスを持っていることが多い。学生時代は高い身体能力を誇っていたのに、社会人になり、忙しくなって不摂生が続いて、気づいたときはまるで別人のような体になってしまった。それがずっといつも心に引っかかっているのだ。

小さなコンプレックスが、長い時間のうちに大きな壁になって、仕事などほかのことに影響を及ぼし、前に進めなくなってしまうこともある。それをクリアするために、一念発起してトレーニングを始めるケースも少なくない。

ほかにも、エクササイズのＤＶＤがバカ売れしたのに刺激されて、「みんなやっているし、自分も何かしないとまずいかな」といって、始める人もいる。

もっと極端なケースでは、「1カ月後に健康診断があるから何とかしてくれ」といって駆け込んでくる人もいる。

2、3カ月続けば気持ちが変わる

こういった俗な目的で始める人の多くは、トレーニングを続けることができない。1カ月もしないうちに、どんどん消えて淘汰されていく。

だが、中には2カ月、3カ月続けられる人たちもいる。そういう人たちは、まず気持ちが徐々に変わってくる。

最初は誰でもジムに行くのが嫌だ。

「お金を払っているのに、何でこんな辛《つら》い思いをしなきゃならないんだ」と思う。

だが3カ月ぐらいすると、辛さに対して体が慣れてくる。

最初のうちこそ、「苦しい、痛い、つまんない」「このトレーナーは厳しすぎる」などという雑念でいっぱいだったのが、だんだんそう思わなくなる。

始めて2カ月、3カ月というと、ジムのスタッフに顔を覚えられる時期だ。

「あ、Aさん。最近頑張ってますね」と声をかけてくれると、夜の銀座ではないが、居心地がよくなってくる。

レンタルウェアを借りるときも、「Aさん、Mサイズでしたね」と、顔を見た途端にパッとMサイズのウェアを出してもらえるようになって、ささやかな喜びになる。

3カ月ぐらいでは筋肉はたいしてつかないが、顔やお腹は多少引き締まってくるから、体の変化が見た目で分かるようになる。それによって周囲からの評価が変わる。

自分から触れ回らなくても、仕事仲間に「トレーニングしているんだな」と伝わる。「Aさん、お腹《なか》がへこんできたじゃないですか」「最近いきいきしてますね」などと言われるようになる。地位とも肩書きとも関係のない無条件の尊敬は、人間の健全な自尊感情を高めてくれる。

メンタルタフネスが向上する

すると「こんなにトレーニングしたんだから、食事も少しまともにしよう」「ファストフードやコンビニの食事ばかりじゃマズイよな」などと、押しつけでなく自分自身で生活習慣に気をつかうようになる。

家族との会話も増える。

「なんだか最近、うちのお父さんは体を鍛えているらしい」と思われると、子どもからも尊敬される。子どもが部活やスポーツの習い事をしていれば、共通の話題にもなる。

さらに、これは最も大事なことなのだが、トレーニングを続けることで、メンタルタフネスが向上する。

正直、トレーニングは苦しい。しかし、それへの耐性ができることで、仕事や日常生活のトラブルやアクシデントに対しても「自分はあの辛さに耐えられるんだから大丈夫」と思えるようになる。

さらに続けると、トレーニングの効果を、数字や体のサイズの変化など目に見える形で確認できるようになる。そうすると「最初はひどいものだったのに、今回体力テストをしてみて、こんなによくなっている」「私もやればできるんだな。じゃあもっとやろう」と、自分を肯定的に評価し、自信が持てるようになる。

自分の体に対する意識が高まると、「人間の体ってこんな構造になっているのか」「ベストのコンディションを維持するには、運動、睡眠、食事のバランスをこうとればよいのか」といったように、健康についての意識も敏感になってくるから、ますます好循環が生まれる。

医学的にも、トレーニングはたんに身体能力を向上させるだけでなく、抑うつや不安障害、アルコール依存症など精神的トラブルの改善にも役立つと言われている。

運動の習慣を持つことで情緒が安定し、仕事にも人間関係にも前向きになれることの効果ははかりしれないのだ。

歯磨きするように体を鍛える

ほとんどの人は、歯磨きが習慣になっている。何も考えなくても自然と体が動く。別につらくないし、むしろ歯を磨かないと気持ちが悪くなるだろう。

でも幼い子どもにとっては、歯磨き自体が訓練だ。無理やり磨かせようとする親から逃げ回るのを何度も何度も繰り返し、だんだん「歯を磨きなさい」と言われたら素直に洗面所に行くようになり、やがて自分から磨くようになる。

私は歯磨きが習慣に変わったその瞬間を覚えている。小学校に上がる前くらいだったと思う。「あ、いま、ぼくは大人になったな」と思ったのを覚えているのだ。

トレーニングも同じで、歯磨きのように習慣化することによって、続けられるようになる。最初の動機は「もてたい」「はやっているから」「健康診断が近い」など、どんなことでもいい。

習慣になると自信がつく。

たとえば夜、寝る前に腕立て伏せをする、朝少し早く起きて走ってくる。そういう自分が決めた行動を続けることができると、「自分はこんなに意志が強いんだな」と自信がつく。自分で決めた行動を習慣化すると、メンタルタフネスは確実に向上する。

ほとんどの人は口が開けられなくなったり、手が使えなくなったりするまで、毎日歯磨きをするだろう。

トレーニングも同じだ。自分が立てなくなるまでやったほうがいい。

よい習慣を持っていることは、人生を切り開いていくときに、最も強い力となってくれる。何か一つのことをなそうとするときに人間ができるのは、結局、淡々とした作業の積み重ねしかない。一発逆転で大成功とか、ある日突然奇跡が起きて誰かが手をさしのべてくれるなどということは幻想だ。

芸術家がすごい作品を作れるのは、もちろん才能の賜物《たまもの》だ。しかし、才能だけでは作品は生まれない。人が遊んだりテレビを見たりしている間も、ずっと作品に向き合う。その粘り強さあってのものなのだ。

トレーニング習慣は成功者の条件

トレーニングにかぎらず、何か自分を律する習慣を持つことは、ビジネスで成功するための必須条件と言っていいだろう。

私はトレーナーなのでトレーニングを勧めるが、それはたとえば茶道でも書道でもいい。簡単ではないこと、ある程度厳しいことなら、どんなことでもいいのだ。

政治家や財界人には、柔道や合気道、剣道などをしている人が多い。仕事とは別に自分を律する方法を確立しているのだろう。何か一つのことに打ち込んできた人は、やはりメンタルタフネスが秀でている。

経営者には茶道をする人も多い。意外に思われるかもしれないが、茶道とトレーニングには共通点がある。

お茶室の出入り口をにじり口というが、ここはしゃがまないと入れないほど小さくつくってある。なぜそんなに出入り口が小さいかというと、一説によれば、腰に刀を差したままでは茶室に入れないようにするためだという。茶室に入れば別に殿様だろうが侍だろうが関係ない。一人の人間と人間がお茶をはさんで相対するだけだ。

これは、ジムに行けばみんな同じという感覚と似ている。ジムに持っていけるのは自分の肉体だけ。ジムにいる間は、仕事や俗世間とは切り離され、黙々とバーベルを上げ、自分の体と向かい合うしかないのだ。

アメリカのエグゼクティブの間では、肥満は問題外、たんに痩せているだけでなく、トレーニングによって体を鍛えるのがもはや常識になっている。

太っているのは自分自身をコントロールできない証拠で、そんな人にリーダーとして他人を率いていけるわけがないと見なされる。逆に、鍛え上げた体は、その人が精神的にタフで、自制心を備えていることの証《あかし》ということになるのだ。

「できない言い訳」をふっきる手段

汗をかく前は気分が落ち込んでいたのに、汗をかいた後は、不思議と気が晴れたという経験はないだろうか。

トレーニング前後で、気分がどう変わるかを調べたデータがあるのだが、それによれば、体を動かすことで、精神のコンディションは明らかに好転する。

なぜこのようなことが起きるかというと、人間の気分は交感神経と副交感神経によって支配されているからだ。

興奮すると交感神経が優位になり脈が早くなる。逆に副交感神経が優位になると、気持ちがリラックスする。トレーニング後は交感神経が活性化して脈が早くなるから、興奮して意欲的になるわけだ。

人は物事を達成したいという意欲を持ちながらも、どこかでできない言い訳を探してしまいがちだ。トレーニングをすると、そういう迷いをふっきることができるという人は、私のクライアントにも多い。

交感神経が優位になっている時間が増えると、「何かに挑戦したい」「冒険したい」という欲望に、「自分には無理だ」などの言い訳でフタをしなくなる。エネルギーは、誰もがもともと持っている。それを抑圧し、本能に逆らって生きていると、どんどん消極的な悪いスパイラルに入っていってしまう。トレーニングにはそれを解放する力があるのだ。

自分に対してポジティブになれる

私はトレーニングの前と後に、1行でもいいから、そのときの気持ちをトレーニング用に決めたノートに記録するようにしている。ノートを見ると、トレーニングの前と後とでは、明らかに感想が違う。

私にも「もう今日はトレーニングをしたくない」「疲れた」「人生に希望が持てない」などというときがある。そんなときは正直に「海外に逃げるか」などとノートに書く。

そしていったん気持ちを吐き出して、無理やりではあるがニュートラルな精神状態にもっていき、イヤイヤながらもトレーニングを始める。

しかしトレーニングをしていると、そのうち、「あれ？　調子がいいな」となり、いつの間にかイヤなこともどこかに忘れてしまう。人は心拍数が高まってくると、活動性が高まって、自分に対してポジティブになれるのだ。

トレーニングを終えたら、ノートを開いてまた感想を書く。私はそんなに汗をかかないので、着替える前にジムのカウンターでサッと書く。たいてい「なんとか明日も頑張れそうだ」というようなことを書く場合が多い。トレーニングがうまくいったら、書く文章はとても明るいトーンになる。

1時間前は、「逃げるか」と書いているのに、汗を流した1時間後には、そのすぐ下の行で、「明日も頑張ろう」と書いている。この変わりようには自分でも笑ってしまうほどだ。

気持ちの切り替えが上手になる

悩みを人に相談するとき、ほとんどの人は何か具体的なアドバイスがほしいわけではない。ただ自分の話を聞いてもらいたい、グチをこぼして「そうだね」と受け入れてもらいたいだけである。

でもトレーニングをしていれば、たいていの悩みは自分だけで解決できるようになる。言ってみればセルフコーチングのようなものだ。

トレーニングができなければ、軽く走ってくるだけでもいい。ただ走るだけでも脈はそれなりに上がる。20分か30分、外を走ってきて、行く前とまったく気分が変わらないという人はまずいない。「逃げたい」が「明日も頑張ろう」と豹変するまではいかなくても、少しは落ち着いたり、気持ちが軽くなったりするはずだ。

イヤなことがあると、気分をよくしようと、遊びに行ったり、おいしいものを食べたりするなど、娯楽の方面にベクトルを向けることが多いだろう。

でもその最中にもイヤなことを思い出して、せっかく遊びに来ているのに、怒りや悲しみがこみあげてくる、という経験はないだろうか。

それよりは、イヤなことがあったら、思い切ってさらに自分にとって辛いことをしてみるといい。

トレーニングもその一つだ。はっきり言って、ジムに行くのは肉体的に辛い、ある種の「イヤなこと」だ。誰だって家で寝ていたい。でもそのイヤなことを自分で受け入れて、クリアしていく。苦手なことに自分から飛びこんでいく。そうすることによって自分自身に肯定的になれる。

たとえば、会社にイヤなやつがいたら、なるべく避けるだろう。でも、親の敵《かたき》とでもいうなら話は別だが、ちょっとイヤなやつぐらいだったら、話してみればそいつが何を考えているか、だんだん分かるようになる。偉そうだけど実は劣等感の塊《かたまり》で、それを隠すために尊大に振る舞っているんだな、などということが分かってくる。そのような考え方ができるようになれば、自分が成長したと思っていい。

あえてイヤなやつとも言葉を交わすのは、日常生活におけるトレーニングのようなものだ。

体を鍛えるトレーニングを続けることで、そのような気持ちの切り替えやリセットも上手になってくる。

アイディアがどんどん浮かぶ

トレーニングのメンタル面でのメリットには、リフレッシュやリセット効果のほかに、クリエイティビティを高める効果もある。

私はトレーニングをしていると、トレーニングの指導法や、新しいビジネス、書きたい本など、いろいろなアイディアが浮かんでくる。これは私だけではない。私のクライアントも口を揃えて同じことを言う。

長時間の会議で、「何でもいいからアイディアを出せ」と言われ、何も頭に浮かばずに困った経験がある人は多いだろう。

座ったままの会議でアイディアが出てこない理由の一つとして、セロトニン神経が活性化していないことが考えられる。

脳科学研究の第一人者である有田秀穂先生の研究によれば、セロトニン神経は左右の脳の交差するところに存在する神経で、セロトニンという神経伝達物質を分泌している。セロトニン神経は、爽快で明晰《めいせき》な脳の状態を保つ働きをしているそうだ。

セロトニン神経は太陽の光を浴びることで活性化するとともに、リズム運動や深呼吸によっても活性化される。具体的に言えば、散歩やウォーキングやジョギング、水泳、そして筋トレなどだ。これらをリズミカルに、そして深呼吸を交えながら行えばいい。

逆に、長時間座ったたまま、かつ息苦しい無酸素的環境にいたら、セロトニン神経の働きは低下するばかりで、いいアイディアなんて浮かびようがない。

アイディアに煮詰まったときこそ、トレーニングなのである。

だからトレーニングをするときには、絶対にメモ帳とペンを持って行ったほうがいい。私は以前、携帯電話にメモしたり、音声メモとして吹き込んだりしていた。しかし最近のジムは携帯電話の使用を禁止しているところが多い。せっかく浮かんだよいアイディアを逃さないために、メモ帳とペンは必携だ。

直感力・集中力が高まる

心が安定してタフになってくると、アレがいい、コレがいいという余計な情報に惑わされない。そうすると、直感力が高まり、一つのことに集中できるようになる。その結果、自分が本当は何がしたいか、何をすべきなのかが分かってくる。

なぜ直感が鈍るかというと、いろいろな情報を入れすぎるからだ。

たとえば経営者は、判断材料としてたくさんの資料を求めることがある。「Aプラン」「Bプラン」「Cプラン」等、選択肢が複数あれば、それぞれにメリット・デメリットがある。でもすぐれた経営者は、それらを一通りおさえた上で、最後は直感で決める。不安だからといっていろいろな情報に左右されてしまうと、ベストな判断ができなくなる。

私は、直感とは、脳の活動というよりは、身体活動だと思っている。さらに言えば、直感力が高まっている人は、躍動的でしなやかな体をしている。

釣りをしたことがあると分かると思うのだが、釣り糸を垂らすと、食いつく魚と食いつかない魚がいる。魚には人間のような大脳の働きはないから、目の前のエサに食いついていいのかどうか、理屈で考えているわけではない。直感と言うか本能的な部分で「なんとなく危ないな、やめとこう」という正しい勘がはたらくヤツと、「パクッ」と食いついてしまうヤツがいるのだ。これはまさに思考の反応ではなく、身体反応だと私は思う。

人間も本来はそういう直感が働く生き物だったのだと思う。しかし便利な生活に慣れ、本能的な部分を失ってしまったことで、いたずらに多くの情報を必要とし、言葉や文章でのコミュニケーションに依存しなければ、生きられないようになってしまったのではないか。

頭でっかちになって身体能力が鈍ると、危機を直感するセンサーが働かなくなって、釣り糸にぶらさがったエサに食いついてしまう。また、体が警告を発しているのを感じていても、その直感をねじ曲げて、目先の損得に走ってしまうこともある。それがいい結果につながらないことは、言うまでもないだろう。

しかし、普段から体の発するメッセージに敏感で、直感を鈍らせていない人は、危機を察知しやすい。

「おいしい仕事みたいだけど、手を出さないでおこう」「この人は、一見人あたりがいいけれど、信用しないほうがいい」というように、体が発する危険信号が分かるのだ。

先日、トレーニングに来ていたある経営者が言っていた言葉がとても面白かった。

「儲からないことはしたくない。だって遺伝子が嫌がるから」

野生の動物はあれこれ考えずに、そのときどきで一番正しい行動を取る。仕事ができる人というのも、あれこれ考えなくても自然と正しい道を選択する、そんな野生動物のようなところがある。

危機を察知する感覚が鋭くなる

いま、人々の危険に対する直感力が低くなっているような気がしてならない。

日本は諸外国に比べればまだまだ平和で安全で暮らしやすい国だ。戦争や暴力など、死の危険と隣り合わせの経験をしたことがある人は少ない。そして日常生活の中で体を動かす機会が圧倒的に少ない。そのため、日本人は危機的状況を察知する身体感覚が鈍くなっているように感じられるのだ。

たとえば車がビュンビュン走っている交差点で信号待ちをしている間、私ならなるべく交差点から離れて待っている。しかし最近は反対に、車道に一歩出て、信号待ちをしている人が目立つ。

この人たちは、目の前を大きなダンプカーが走っているのに、ボーッと立っている場合が多い。普通はあれほど大きな車が来たら、振動が伝わる。そうしたら、体が敏感に察知して「危ない」と思う。しかし彼らは、歩行者は法律で守られているから安全だなどと信じきっているのか、手元の携帯電話に夢中になっているのだ。

もし事故に遭っても、自分はラインの内側にいたと証明できれば、相手の過失になるから賠償金はもらえるかもしれない。しかし大ケガをしてしまったらどんなにお金をもらっても取り返しがつかないし、死んでしまったらおしまいだ。

また、満員でもないのに、走行中の電車の扉に寄りかかる人がいる。

しかし、扉はいつ開くか分からない。もし運転手さんが間違ってドアを開けるボタンを押してしまったらどうなるのか。「走行中、ドアは開かないことになっているから」と一見常識的に判断していても、その感覚では自分の生命を守ることは難しい。

トレーニングすると自分の肉体をリアルに感じるので、そういう生命の危機に対する直感力を取り戻すことができる。

「こんなに脂肪をためこんでいたら、いざというときに走れない」「こんな重さすら持ち上げられないのはヤバい」と感じることで、危険に対する感覚も高まってくる。

管理され安全が保障された現代社会では、放っておいたら、直感力はどんどん鈍っていってしまう。直感を常に研ぎ澄まされた状態に保つためには、定期的に汗をかいて、精神的にも余計なものをためこまないようにしなければならないのだ。

第2章

目的は「続ける」こと

半年続けば半永久的に続けられる

トレーニングで最も難しいことは何かと聞かれたら、私は即、「続けること」だと答える。逆に言えば、続けることさえできれば、トレーニングはほぼ成功したと言ってもいい。

初めてトレーニングにチャレンジして、2、3カ月続けることができれば、自分や周囲に変化が表れると前に述べた。2、3カ月続けば、半年まであと少しだ。半年続ければ、ほとんど半永久的に続けられる。しかし、ここで脱落する人が多い。

たとえば、ほとんどの人が最初は痩せることを目的にやってくる。

ところが最初は「何が何でも絶対に痩せてやる」と思っていても、トレーニングが辛いと、「ちょっと痩せればいいかな」と弱気になる。その後、またさらに妥協して、「ともかくジムに来ることが大事だ」とレベルダウンする。そしてなんとなくフェイドアウトしてしまう。

最初はハリウッドスターのような姿を目指すが、次第に日本の俳優に替わり、そのうち目指していたこと自体も忘れてしまう。どんどん自分に甘くなってしまう。これは特別に意志が弱い人の話ではない。9割以上の人はそうなのだ。

私はクライアントがそういう時期に来たときは、「少しお休みしましょうか」と言ってみる。そのまま永遠に休んでしまう人もいるし、「やはりやりたい」という人も出てくるし、それはさまざまだ。もちろんどんな人にも最高の指導を心がけてはいるが、これればかりはどうしようもない。

いったん休んで、気持ちを切り替えてまた来る人もいる。もしくはトレーニングのペースを見直してみる人もいる。そんなふうにして、なんとか半年も続けば先が見えてくる。私とスケジュールが合わなくても、「それなら自分一人で来てやる」というようになれば、もうこっちのものだ。

半年続けることができれば、トレーニングはその人にとって、間違いなく習慣になる。人はもともと安定したい生き物だから、半年続けたことがあると、その人のライフスタイルの一部になる。ジムに行くのが非日常でドキドキすることだったのが、逆にジムに行かないと安定しなくなるのだ。

恋愛でも、だいたいつきあいだして3カ月目くらいまでは不安定だが、半年ぐらい続けば、安定した関係を維持できる。それと同じようなものだ。

自分を律する習慣を持つことの効用については先にも述べたが、面白いことに、習慣行動そのものがメンタルタフネスを強化したり、気持ちを安定させたりすることが分かっている。毎日、定期的に決まったことをするだけで、メンタルタフネスと心の安定が図れる。これもトレーニングの重要な効果の一つである。

美しい筋肉はすぐにはつかない

アメリカの行動科学研究者であるプロチャスカは、禁煙など生活習慣の改善を、「無関心期」「関心期」「準備期」「実行期」「維持期」の5つのステージに分けて行うことを提唱し、その成果が実証されている。「維持期」とは、生活習慣の改善に取り組んで6カ月以上が経過した段階で、行動変容の目標とすべき最終段階である。

私の経験からも、このクライアントはもう大丈夫だなと思えるようになるには半年から8カ月ぐらいかかるというのが実感だ。

また筋トレの効果という点からみても、やはり半年ぐらい続けないと、体に目立った変化は見られない。

3カ月続ければ、顔つきや体つきは引き締まってくるし、10キロのバーベルしか上げられなかったのが、20キロ上げられるぐらいにはレベルアップする。しかしまだ、美しい筋肉をつけるところまではいかない。

もともと日本人は筋肉質ではない。

1980年代の少し古いデータだが、欧米のスポーツ選手の筋肉量は、その国の一般人とあまり変わらないそうだ。つまり、もともと外国人は筋肉があるということだ。

ところが日本人はそうではない。一般人とスポーツ選手の筋肉量には大きな差がある。スポーツ選手ではない普通の人が筋肉をつけるのは、まさにゼロからのスタートなのだ。

生まれ持った体格を変えていくには、やはりそれ相応の時間がかかると思ってほしい。

人間の体はブラックボックス

運動生理学の第一人者で、石井直方先生という方がいる。その石井先生の言葉に、「一つのトレーニングが持っている強い生理学的効果は一つ」というものがある。

たとえば雑誌などではよく「このトレーニングをしたら、こんな効果があった」といった体験記が紹介されているが、それはたまたまその人にとってそういう効果があっただけ。同じトレーニングをしても、それが体にとってどのような刺激になるかは人それぞれ違うから、効果は一律ではない。

たとえばAさんという人がいて、αという能力が10レベルだとする。Bさんは、αという能力が5しかない。二人の能力はバラバラだ。

この二人がαを8レベル使うトレーニングをするとする。条件をまったく同じにしたところで、効果は違う。

Aさんにとって、αの能力は余っているから、なんなくこなせて、鍛えるところまでいかない。しかし、Bさんにとっては、3レベル足りていないわけだから、そのぶん負荷になるわけだ。

ところがβの能力でいうと、また話が違ってくる。

たまたま、βの能力は二人とも足りない。そうすると同じトレーニングをしたら「同じような効果が出たね」ということになる。

体は一人ひとり違うから、同じトレーニングをしても効果は一人ひとり異なる。私が10キロのバーベルを上げても、10キロくらいなら軽いから体に変化はない。しかしそんな重さを上げたことのない人だったら、次の日は筋肉痛になるとか、とにかく必ず体に変化があらわれる。

つまりトレーニングの効果とは、個人の身体能力という未知数xに、負荷の大きさや回数をかけた掛け算なのだ。

個人がどんな身体能力を持っているか、すべてを測定することは難しいし、本人にもなかなか自覚できない。ほとんどブラックボックスのようなものだ。また体調も日々変化する。分からないから、いろいろやってみて、一つひとつ効果が出るか出ないかを検証していくしかない。それには当然、時間がかかる。

他人のケースはあまり参考にならない

短絡的なことが増えていく現代社会で、トレーニングはそうではないものの一つと前述した。

トレーニング効果は人それぞれ

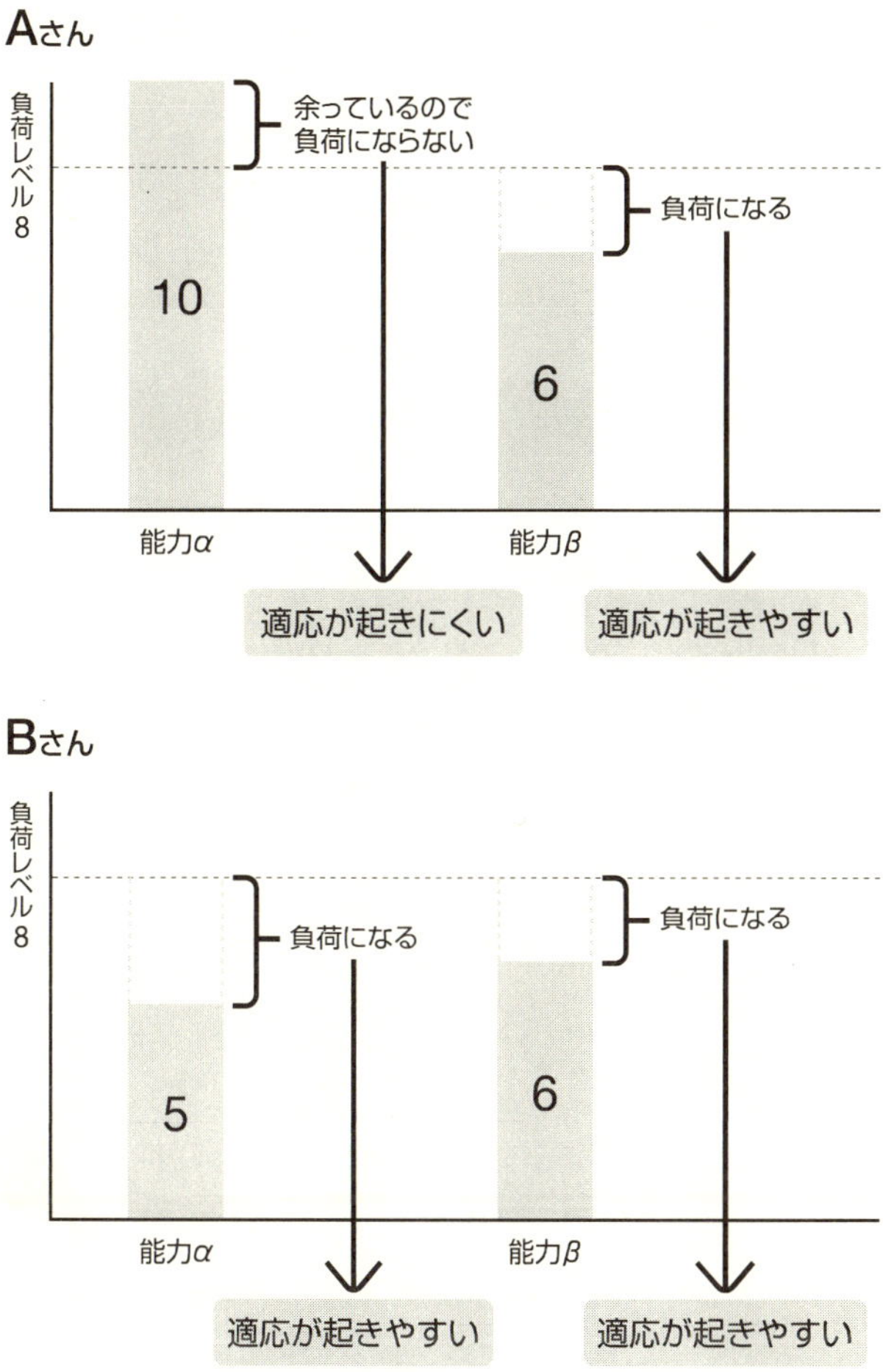

世の中のほとんどのものは、手に入れればすぐ効果が証明できるが、トレーニングは時間をかけないと証明できない。しかも、自分の体は唯一無二のものだから、他人のケースはあまり参考にならない。クライアントがそれに気づくのを手助けするのが、私たちパーソナルトレーナーの仕事だ。

もちろん、トレーニングと効果の関係について、大まかな方向性はある。一般的な、「痩せたい」という要望であれば、脂肪を燃焼するような方法をとる。脂肪を燃やす方法とは、いわゆる有酸素運動だ。有酸素運動の効果を上げるには、長時間の運動が適している。30分以上続けると、脂肪が燃えてくるからだ。「じゃあ、あとはそこに燃焼ホルモンが出るようなトレーニングを加えよう」ということになると、いまはやっている加圧トレーニングなどをメニューに加えることになる。

クライアントが出したい効果に対して、私たちはいろいろなアプローチの仕方をする。トレーナーには、「こういうタイプの人にはこういうトレーニング法で、今まで成功したな」という経験がたくさんある。「あれ？　予想していたほど効果が出ないな」ということでメニューの見直しをすることもあるが、ゼロから試行錯誤するよりは早い。自己流でトレーニングをするよりも、パーソナルトレーナーについたほうが結果が出やすいのはそのためだ。

どんな動機だと続かないのか

経済産業省のホームページなどを見ると、フィットネスクラブの出店数はかなり増えている。日本のフィットネス人口（フィットネスクラブへの参加率）は総人口の3％で、アメリカの10％に比べるとまだ少ないが、増加傾向にあるのは間違いない。

しかし、いったん入会しても、ジム通いを半年以上続けて、トレーニング習慣を身につけるに至るまでの人は、おそらく半分以下、私の実感では3割ぐらいだろう。

トレーニングがうまくいかない、続けられない原因としては、スケジュールに無理がある、メニューがよくない、ジムやトレーナーと合わない、睡眠や食事など生活環境が整っていない、経済的な負担が大きい、といったことが考えられる。

しかし、これらすべての要因の背後に共通しているのは、目的の曖昧《あいまい》さ、目標管理のマズさだ。

私がみるところ、大人になってトレーニングを始める人の動機のほとんどは「流行系」（みんなやっているから、楽しそう）、「メタボ系」（健康診断の数値が悪かった、健康診断が近いので数字をよくしたい、医者に勧められた）、「もてたい系」（痩せたい、筋肉をつけたい、人前で脱げる体になりたい）、「コンプレックス系」（昔から太っていた、体が貧弱でいじめられた、ケンカが弱かった）のいずれかに分類できる。

もちろん前述したように、最初の動機はどんなに俗なものであってもいい。しかしそれだけだと半年どころか、3カ月維持し続けるのも難しい場合がある。

他者からの情報だけに依存する「流行系」

「流行系」の特徴は、

・テレビをよく見る
・雑誌やインターネットをよく見る
・そのような友だちが多い

ということである。つまり行動の動機になっているのが、常に他者からの情報なのである。

もちろんトレーニングを始めるにあたっては、ジムをどう選ぶのか、どのようにトレーニングを進めたらいいのか、それぞれのトレーニングにはどのような効果があるのかといった情報収集は必要だ。

しかし、先にも述べたように、トレーニングの効果は人によって異なり、自分でやってみないかぎり分からない。

トレーニング業界は、新しいトレーニング方法を売り出してお客さんを集めるのが商売だし、マスコミも絶えず最新情報を流すのが商売だ。だから、自分にとってのトレーニングの目的や効果を基準にして取捨選択しないと、流行や情報は際限なく押し寄せてくる。

他者からの情報だけに依存していると、結局、自分が何をやりたいのか、何をやっているのかすら分からなくなる。トレーニングではない、別のものが流行ればジムへの足が遠のいてしまう。

健康診断の直前に駆け込む「メタボ系」

メタボリックとは「代謝《たいしゃ》」という意味で、メタボリックシンドロームとは、内臓脂肪がつくことにより、代謝がうまくはたらかなくなり、糖尿病や高血圧になりやすい状態を言う。最近はこの言葉に脅され、「オレも痩せないとまずいな」と危機感を募らせてジム通いを始める人が増えている。

また、健康診断の2週間前に駆け込みでトレーニングに来る人もよくいる。私たちはその人たちが健康診断にひっかからないよう、要は検査項目の数値を改善するようなトレーニングを処方する。すると実際に2週間程度でもなんとかなったりする。

内臓脂肪がついているかどうかを判断する基準のひとつとして、ウェストが女性90センチ、男性が85センチ以上かどうかという項目がある。平成20年度からは国が定めた健康診断の項目に、ウェストの測定が追加されるそうだ。

しかし、最近よく言われているように、このウェストの基準一つをとっても、なぜ男性の方が細くなければいけないのか、外国に比べて日本の基準は厳しすぎるのではないかなど、いろいろと問題がある。

少し太っている人のほうが長生きするというデータも存在する。60歳を超えたら、コレステロール値がやや高いほうが、健康な割合が高い傾向にあるとも言われている。コレステロール値の低い人は社交性が乏しい、自信が持てないなど、メンタルなコンディションがあまりよくないという報告もあるそうだ。

結局、国や医者が定めている健康と不健康の境界線は、絶対のものではない。地域や時代、社会状況によって、いくらでも変わる可能性がある。

だから、健康増進の目的でトレーニングを始めたとしても、数値だけ見て「健康になった」というのは、あり方としては不健康なのだ。

また、このように他人の決めた基準に右往左往させられている状態は、動機としては非常に弱い。健康診断が終わった途端にジムから足が遠のいてしまう人もいるし、もっと楽に健康になれる方法があると聞きつけて、そちらに飛びついてしまう人も少なくない。

「もてたい系」はどうだろう。

最近は40代から50代くらいの男女をターゲットにして、化粧品、ファッション、エクササイズなどあらゆる手を尽くして、「こうしたらもっとキレイになれる」「若い子にもてる」と謳う雑誌や本がたくさん出ている。

その年代は、仕事や生活がある程度落ち着いて自分のために時間を使うことができ、経済的にも余裕がある。企業の立場としたら、一番消費してくれる層に向かって、お金をどうやって使わせるかというマーケティングを行うのは当たり前だろう。

そういった企業戦略にしっかりハマって、「トレーニングしてくれませんか」と、私のもとにオーダーしてくる人が増えている。

しかし、意外に思われるかもしれないが、「痩せたい」と言ってトレーニングを始める人、とくに女性の多くに、「何キロ痩せたいのですか」と尋ねると、はっきり「何キロ落としたい」「ウェスト何センチになりたい」などと答えられる人は少ない。

こちらもクライアントが目標とするイメージが分からないと、トレーニングの組みようがない。そこで「タレントやモデルでいうと、誰みたいになりたいですか」と聞く。

するとそういう人たちは、「○○さんとかー、△△さんとかー」と複数の芸能人の名前を挙げたあと、「そういうふうにはなれないけど」と必ず自己否定をする。本人は謙遜しているつもりなのだと思うが、それは逃げ道を用意しておきたいという気持ちの表れだ。

「それでは3カ月間やると、どれぐらい変わるの？」と質問されることもある。前述したように、一人ひとり体は違うから、やってみなければ分からない。しかし「あなたの努力次第です」と言うと、明らかにがっかりされてしまう。「○○さんみたいになれますよ」と請け合ってほしいのだろうけれど、こちらもウソは言えない。

彼女たちの頭にはテレビや雑誌に登場する「かっこいい有名人」たちの姿があるだけで、自分自身が今より引き締まって筋肉のついた体になることがイメージできていない。

そうすると、憧れはいつまでも憧れのまま。現実との距離が縮まっていくことがないから、当然、トレーニングは長続きしない。

マイナスからのスタート、「コンプレックス系」

「太っている」「痩せている」「体つきが貧弱」「ケンカが弱くていじめられた経験がある」……。

肉体に対するコンプレックスを長年くすぶらせた挙げ句、一念発起してトレーニングを始める人たちもいる。

このような人は、一見、すごくトレーニングに対する熱意がありそうだ。

しかし、実際はこういう人に限って、なかなか続かない。

一つには、これらの人たちも結局は他人の目を気にしているからで、動機としては主体的ではないという点で、「メタボ系」や「もてたい系」の人たちと大差ない。

また、自分で勝手に思い込んでいる場合を除き、長年コンプレックスを抱いている人は、それ相応の、肉体的なハンディを負っていることが多い。酷な言い方をすれば、まわりがゼロからのスタートだとしたら、その人はマイナスからのスタートということになる。

そのため、人よりトレーニングの効果は出にくいし、人並み以上になろうと思ったら、人の2倍は努力しなければならない。

このことをしっかりと認識して始めないと、やはり長続きしない。しかも、このようなコンプレックスを克服しようとして始めた人は、挫折すると、かえってそのコンプレックスの度合いを深めてしまうから、より注意が必要だ。

心境の変化を観察してみる

結局トレーニングが続かないのは、自分は何のためにトレーニングをするのかという目的を見失い、具体的にどんなことを目指すのかという目標を維持できなくなるからだ。しかもその目的は、最初はどんな俗なものでもいいが、3カ月、半年と時間を重ねるにしたがって、成長させ、進化させていかなければならない。

たとえば、ジム通いの新鮮さが薄れ、「ああ、辛い」という思いが高じてくると、当初の目的などどこかに吹っ飛んでしまい、「人と大事な食事の約束があるからトレーニングには行けない」というような言い訳を使い出す。

そんなときに私はクライアントに、形式ばったものではないが、目標シートのようなものを書いてもらうことがある。それをもとに、実際に会ってカウンセリングしたり、メールでやりとりしたりする。

まず始めたときの目的は何だったかを、思い出してもらう。

最初はたとえば「ジム通いをした友だちがすごくかっこよくなっていたから、自分もトレーニングをしてみようかな」という理由で来たことを思い出す。

そして1カ月ぐらい経《た》った今の気持ちを吐き出してくださいと言うと、「アイツはアイツ、オレにはオレのよさがある」といった言葉が出てくる。

ここで、この1カ月の自分の心境の変化をどう思いますかと質問を向けると、「やっぱり今でもカッコよくなりたいと思っているな」とか、「アイツはアイツというのは言い訳だな」と、自分の気持ちを客観視できるようになってくる。

そして、さらにやりとりを続けて、言い訳をしてしまう理由を探ってみる。スケジュールに無理があればペースを調整するし、トレーニングに飽きた状態になってしまっているなら、「それでは今のトレーニング方法をやめて、外に走りに行きましょう」などと、少しやり方を変えてみることもある。

最終的な目的はQOLの向上

そういうことを何回か繰り返していると、私が、「何のためにトレーニングをするのですか」「何を思ってトレーニングをしていますか」と聞くと、「こういうふうになりたいから」「こういう思いでトレーニングをしている」と、いつも決まった答えが返ってくるようになる。問いに対する答えに一貫性が出てくるのだ。

そして興味深いことに、最初の「痩せたい」「健診の数値をよくしたい」といった動機は次第に薄れてきて、「トレーニングをしていると体調がいいのでこの状態を維持したい」「頭が冴えるし、気持ちが前向きになるのでトレーニングを続けたい」といった、第1章で述べたような内容に落ち着いてくる。

逆に、トレーニングから2週間も離れていると、理由もなく気持ちが落ち込んだり、トレーニング以外の、会社や家のことについても、なんとなく冴えなくて、つまらない人生を送っているような気がしてくる。

つまり、トレーニングの目的が、たんに筋肉をつけたり痩せたりすることではなく、健康・仕事・家庭といった、その人のライフスタイル全体に好影響を与えること、言い換えればQOL（クオリティ・オブ・ライフ）の向上にまで発展するのだ。

効果が出ないからこそ続ける

だからこそ、本当のことを言えば、トレーニングを続けていくためには、最初から目に見える効果を期待しないほうがいい。トレーニングの目的は「続けること」にあると言ってもいいぐらいだ。そうすれば、効果が出ないからといってすぐやめることもなくなる。逆に、効果が出ないからこそ、続けなければいけないんだと思えるようになる。

私のクライアントの中でも、私が何のアドバイスをしなくても、「あれ、ひょっとして、これは続けないと効果が出ないんだね」「じゃあ、仕方ないけど、続けるための環境を整えないといけないね」と、自分で気づく人たちがいる。

たとえば、自分がトレーニングに時間を割《さ》ける範囲は週2回、1回1時間だと分かったら、その時間の確保を最優先事項にする。会社のシステムが変わって、週に1回しか時間がとれなくなってしまっても、何かしら続ける方法を考えて、回数をゼロにすることはない。

また続けていくうちに、メニューがハードになって、体の痛みを負担に感じるようになったら、痛くならない方法がないかと情報を集めたり、ケアの方法を覚えたりして、またそれを越えていく。

このような、継続するためのコントロール方法を自分なりに模索していくプロセスは、ビジネスで成功するノウハウと重なるところが非常に多い。よいトレーニングができている人に、仕事ができる人が多いのはそのためなのだ。

「やめたい」ときは誰にも訪れる

それでも、どんなに自分をコントロールするのが上手な人であっても、「やめたい」と思うことが必ずある。

私が挫折しかかっているクライアントから相談を受けてこの話をすると、みんなびっくりする。やめたくなるのは自分のような意志薄弱な人間だけであって、ほかの人は難なく続けていると思うようなのだ。

しかし、どんな人でも絶対に「やめたい」と思う。口に出す人もいれば、出さない人もいるけれど、一度や二度は必ずやめたいと思うことは間違いない。

そのときに重要なのが、自分との対話だ。もちろんトレーナーなど第三者の力を借りてもいい。

自分はどうしてやめたいと思っているのか。

最初のうちは大した負荷をかけていなくても、マシンを動かすだけでものすごい力がいる。それが辛くて、やめたいと思うのかもしれない。トレーニングすること自体は面白いけれど、ジムが合わないとか、トレーナーが合わないなどという場合もあるだろう。

はっきりさせたら、あとはやめたい理由を削っていけば続けられる。きついのなら、少し強度を落とせばいいし、スケジュールに無理があるなら、トレーニングの回数を減らせばいい。

ここで大事なのは、「友だちは○○キロを持ち上げているから、自分もそのぐらいできないと恥ずかしい」とか、「本には週に2回以上やらないと効果がないと書いてあった」というように、他人と比べたり、世間一般の基準に自分を無理やり当てはめたりしない、ということだ。このときも、「トレーニングの目的は続けることにある」と考えていれば、自分が続けていくにはどうすればいいのか、というシンプルな基準で、ブレずに判断ができる。

とくに思い当たる理由はないけれど、何となくやめたいと思う、というケースもある。そういうときは、自分の気持ちをメモに書き出してみるといい。人間の心はけっこう揺れ動くものだ。前に、「逃げたい」気持ちが、1時間運動したら「明日も頑張ろう」に変わったという私の経験を紹介したが、それくらい1日の中でも揺れ動きはある。

そういう揺れ動きを自分なりに観察してみると、「やめたいと思う時期は月末が多い」「そうか、月末は経営している会社のお金の支払いのことで頭がいっぱいになるからだ」「トレーニングそのものに問題があるんじゃなくて、仕事のことが影響していたんだ」と、原因が見つかることもある。

このプロセスを何回か繰り返せば、ほとんどの人は半年の壁をクリアすることができる。

中断・再開はエネルギーの無駄づかい

自分の気持ちと対話をしてみたら、「目的がなかった」「本当はトレーニングなんてしたくなかった」と気がつくこともあるだろう。そうしたら、そこでやめてしまっても構わない。

しかし、「トレーニングをやってみたい」という気持ちが少しでもあるなら、細々と低空飛行でもいいから続けることをお勧めする。

ジム通いをする人の中には、頻繁に中断と再開を繰り返す人がいる。

中断したあと、再びトレーニングを始める人は、決まってこう言う。

「いやあ、この1カ月間、やりたいやりたいと思っていたのだが、なかなか足が進まなくて」

つまり、一度やめてしまうと、モチベーションがガクンと下がってしまって、再びトレーニングを始めるまでにテンションを高めるには、かなりのエネルギーを必要とするということだ。

最初にトレーニングを始めるときよりも、2度目にトレーニングを始めるときのほうが、モチベーションを上げるのが大変で、より多くのエネルギーを必要とする。そんなことで消耗してしまうのは、明らかに無駄だ。

だから始めたのであれば、たとえ少しずつでも、無理のない範囲で続けたほうがいい。最初はものすごく張り切って1カ月続けた。しかし効果が出ないまま中途半端にやめてしまったら、その熱意が逆にマイナスに働く。

やめたときは、一瞬安堵《あんど》感がある。「もうあれほど苦しい思いをしなくていいのか」と思うとうれしくなる。でも日々、「太ってきたな」「毎日みんなやっているな」「あいつは効果出ているな」と思い直してまたやろうと思う。でも再開の一歩が踏み出せない。なかなか腰が上がらないのは、なまじトレーニングしたときの記憶があるからだ。あの苦しさを乗り越えるだけの勇気が出ないのだ。

たとえばダイエットだと、下手に始めて失敗すると、かえってその後太りやすくなるというリバウンドがある。

トレーニングの場合はそういうフィジカルな逆効果はとくにないが（元に戻るだけだ）、中断したことによるメンタルな反動はとても大きい。メンタルリバウンドである。

トレーニングは自分のポジティブなエネルギーを高めてくれるものなのに、中途半端にやめてしまうと、かえってエネルギーを消耗してしまう。たんにエネルギーを消耗するだけならまだいいが、今度は罪悪感の方向にマイナスのエネルギーが働いてしまう。「あんなに鼻息荒く始めたのに、やっぱり続かなかったな」「自分は弱い人間だな」などど、心に傷を残すぐらいだったら、初めからやらないほうがまだいい。私が低空飛行でもいいから続けたほうがいいというのは、このためなのだ。

第3章

トレーニングの原理原則

「画期的で斬新な方法」などそうそうない

雑誌を開けば、最新のトレーニング法とか、画期的メソッドなどの見出しが次々と目に飛び込んでくる。ピラティスがいいとか、ヨガがいいとかも言われている。私自身、ピラティスのレッスンを受けて、「あ、これは非常に筋肉を意識しやすいエクササイズだな」と思ったこともある。

しかしトレーニングの基礎となる理論、運動生理学の根本は、何年も前から大きくは変わっていない。そもそも、筋肉がつくとはどういうことなのかは、完全に解明されているわけではない。筋力とは何か、感覚とは何か、スポーツパフォーマンスはどうやったら向上するのかなどのテーマも、まだ研究の途上にある。

だから「画期的で斬新《ざんしん》なトレーニング」など、そうそうあるものではない。目先の変化を求めてあれこれ手を出す必要はない。

同じことをシンプルに続けていけば、そのトレーニング法に効果があったのかなかったのかの検証がしやすい。逆に、やたらにいくつものトレーニング法を試すと、一つひとつの方法の効果が検証できない。検証ができないと、自分にとって最適な方法をいつまでたっても見つけられないから、結局、前に進むことができない。

筋肉を成長させる3条件

トレーニングによって筋肉が肥大し、筋力がアップするメカニズムは大変複雑で、まだ科学的に解明されていない点も多い。ただ、私なりに大まかに説明すると、筋肉によい変化を起こす条件としては、次の3つがあげられる。

第1の条件は「機械的破壊」である。簡単に言えば筋肉を壊すことだ。筋肉繊維は傷つき、破壊されることによって再生が始まる。そして破壊の度合いが適度に大きいと、破壊前の状態に戻る以上に再生が進んで、「筋肉が太くなる」現象として表れる。これがいわゆる「超回復」と呼ばれる現象だ。

トレーニング翌日の筋肉痛は、まさに筋肉が破壊された証拠である。逆に言えば、痛みが残らないようなトレーニングでは、筋肉の成長を最大限に促すことはできないのである。

第2の条件は、「成長ホルモンの分泌」である。成長ホルモンは成長期における骨や筋肉の発達に欠かせない物質である。また成人になってからも、全身の代謝に作用し、体の組成や身体機能を正常に維持する働きをしている。

成長ホルモンは生きている間じゅう分泌されるが、分泌レベルが低いと、トレーニングをしても効果の表れ方が鈍くなる。

個体差や年齢差はあるが、成長ホルモンの分泌を促す体内環境は、ある程度、人為的につくりだすことが可能だ。方法としては、筋肉を短時間のうちに疲労させ、酸素の供給を減らし、代謝産物である乳酸を多量に分泌させる。具体的にはインターバルの短いセットを組んだり、いま流行の加圧トレーニングなどを行ったりするとよい。

また、トレーニング後や睡眠時は、成長ホルモンの分泌レベルが高くなるので、そのタイミングでアミノ酸やプロテインパウダーを摂取することも効果的と考えられる。

第3の条件は、「適切な負荷」である。負荷とは重さ・回数・休憩時間・動作の難易度などのレベルを指すが、筋肉によい変化を起こすためには、トレーニングをする毎に、少しずつ負荷を大きくしていくことが必要である。

同じ内容のトレーニングメニューを淡々とこなすのでも、やらないのに比べれば、はるかにメリットが大きい。だが、筋肉を成長させるには、やはり継続的に負荷を大きくしていく必要がある。

新しいエクササイズやトレーニング法が手を替え品を替え次々に登場するが、「機械的破壊」「成長ホルモンの分泌」「適切な負荷」の3条件が揃わなければ、筋肉へのよい効果はあまり期待できない。目新しいエクササイズに飛びつく前に、それが3つの条件をちゃんと満たしているかどうか、ぜひチェックしてほしい。

原則をマスターすれば成果が上がる

筋力トレーニングには5つの原則がある。これに留意してトレーニングを行うと、筋肉を成長させるのに効果があるという原則だ。

これらは、トレーニングにかぎらず、ビジネスや勉強など一定の成果を上げることが要求される場合にも応用可能な、とても有効な原則だ。

つまり、この原則に則《のっと》ったトレーニング法をマスターすれば、効果的に成果を上げるための姿勢や考え方も身につくことになる。

結果を意識して行動せよ――意識性

第1の原則は「意識性」だ。

たとえば「持久力を上げたい」「筋力をつけたい」もしくは「痩せたい」という本人の意識がまったくなければ、効果は表に出ない。

意識がなければ、そもそも適切なトレーニングメニューを選ぶことができない。また、一つひとつの動作の際に、「これは○○の筋肉を鍛えるためにやっている」「これは脂肪燃焼のためにやっている」「これは有酸素運動である」といった意識がなければ、それに応じた効果も上がってこないものなのだ。

たんに流行を追いかけているだけの人が、トレーニング効果が上がらないのも、「自分自身がどうありたいか」という意識が薄いからだ。

現代社会は人間の意識性を低下させる方向に進んでいる。

蛇口をひねらなくても、手をさしだすだけでセンサーが感知して水が出てくる。

ボタンひとつで風呂が沸く。

電車にのるとき、運賃を調べなくても、パスをかざすだけで改札を通れる。

何か調べるにしても、いままでは何冊も本のページを繰って、やっと探している1行が見つかるという調子だったが、いまではインターネットにキーワードを打ち込んで検索すれば、すぐ答えが出てくる。

するとどうなるかというと、頭を使わなくなる。他人の意見に簡単に流されるようになる。体の動きや感覚が鈍る。危機管理センサーも働かなくなる。

だからこそ、仕事や日常生活で、常に成果や結果を意識して行動するクセを身につけるために、トレーニングはとても有効なのだ。

バランスをとりながら鍛えよ――全面性

第2の原則は「全面性」だ。

たとえば体重を落としたいとき、「痩せたいから食事をしない」という方法は間違っている。栄養のバランスをとりながら食事による摂取エネルギーを減らす、有酸素運動によって消費エネルギーを増やしつつ、筋肉を減らさないためのトレーニングも行う、といったように、全面的にバランスをとっていかないと、健康的に痩せることはできない。

またスポーツ選手も、筋トレばかりやっていたら、筋肉が硬くなってしまって故障しやすくなる。だからストレッチなどの運動も必要になる。

トレーニングにおいては、このように包括的にバランスのとれた運動を組み合わせる必要がある、これが「全面性」だ。

人生においても、最近、ワーク・ライフ・バランスの重要性が指摘されているように、仕事と家庭生活・友人関係、お金と健康・生きがい・働きがいなど、全面的にバランスのとれた生き方をすることが、人生の幸福に不可欠であることは言うまでもない。

常に新しい刺激を与えよ——漸進性

第3の原則は「漸進性《ぜんしん》」だ。「過負荷」の原則ともいう。「漸進」とは、「少しずつ進む」という意味である。

トレーニングを続けるにあたっては、運動メニューを少しずつ変化させ、負荷を大きくしていく必要がある。同じ運動を続けていくと体が負荷に慣れ、ラクにこなせるようになってしまい、トレーニング効果が頭打ちになるからだ。

また人間の体は、日々老化し筋力が低下している。だからそれに抵抗するためにも、負荷を少しずつ重くしていく必要がある。

よく中高年の人で、「オレは若いころから体重が変わらないんだよ」と自慢する人がいる。しかし、そもそも加齢に伴って、人の筋肉量は減ってくる。本当ならその分体重が減っていないとおかしい。つまり運動をしないで体重が変わらないのであれば、筋肉が減った代わりに、脂肪が増えていることになる。

筋肉が減るということは、基礎代謝も落ちている可能性が高いから、そもそも脂肪がつきやすい体になっている。だから、体重を増やさないためには、食事の量を年相応に減らしていく必要がある。

年齢が上がるにしたがって、成長ホルモンも出にくくなるから、トレーニングをしていても、筋肉の衰えに、回復・再生のスピードが追いつかなくなる。たとえ年齢に抵抗してハードなトレーニングをしても、10代のときのような効果は上がらない。こうなると、トレーニングがつらく感じられるようになるのも止《や》むを得ない。

私はもう10年以上、毎日トレーニングをしているが、常に負荷を大きくしていかないと、筋肉をつけるどころか、現状の筋肉を維持することも難しいのを実感している。

勉強や仕事においても、人は、少し背伸びをしたとき、少し無理を感じるときに、最も成長すると言われている。少しずつでいいから、常に新しい刺激を与えていかなければならないのは、肉体も脳も同じということではないだろうか。

個性に合った方法を考えよ――個別性

第4の原則は「個別性」だ。

前にも述べたように、体は一人ひとり違うから、同じトレーニングをしても効果が異なる。これが「個別性」だ。「このトレーニング法だったら誰でもOK」というような方法は絶対に存在しない。効果を上げるには、個人の個性に合わせたトレーニングをするのが鉄則だ。

「この人はこうやってすごく効果が出た。でも私は同じようにやっても全然効果が出ない」ということが起こるのも、「個別性」が存在するからだ。

それは勉強でも同じだろう。「あの人と同じ時間、同じテキストを使って勉強をしているのに、あの人のほうができるな」という経験をしたことがある人は多いのではないだろうか。これはもう、個人の資質の差だ。

人はそれぞれ違う。同じゴールを目指していても、そこへ至るには、それぞれ別の方法、別の答えがある。それを理解しないと、目の前の現実に対して納得がいかず、自分が苦しむことになる。これを認めないと、人生が辛くてしょうがない。

やらなければ結果は出ない――SAIDの原則

個別性の原則に関連して、「SAIDの原則」というものがある。

「SAID」とは、「Specific Adaptation to Imposed Demand（人体は与えられた負荷に見合った適応現象を起こす）」という意味だ。「特異性の原則」とも言われている。たとえば、ずっと神輿《みこし》を担いでいると肩にタンコブができる。これなど、適応現象の一例だ。

要するに、やればやっただけ結果が出るし、やらなければ結果は出ない。脚の筋肉を鍛えたいのに、ベンチプレスばかりしていても、目指す筋肉はつかない。トレーニングの根本にあるのは、このきわめて単純な原則だ。

逆に言えば、「こうありたい」という目標があったら、そういう変化が起こるような負荷をかけてやればいいということになる。

ここでは先の「意識性」が重要になってくる。目指した効果を上げるためには、目的を意識して行動することが必要になる。

ビジネスの世界では「ゴールから逆算する」発想が重要だとよく言われる。3年後に会社を上場させようと思うなら、しなければいけないことは既に決まっている。あとはそれを逆算して、「今やらなければいけないことは何か」というところまで、落とし込んでいけばいい。トレーニングの効果を上げるのも、これとまったく同じことなのだ。

変化が定着するまで続けよ――継続性

第5の原則は「継続性」だ。

いかに質の高いトレーニングであっても、三日坊主だったら何の意味もない。

もちろん、たとえ1回のトレーニングでも細胞レベルでの変化はある。「痛い」と感じるのだって、変化の一つだ。しかし、たった1回で終わらせてしまったら、変化は定着せず、何の効果も見込めない。

たとえ1カ所の筋肉を鍛えるだけでも、だいたい6週間ぐらいは同じ方法を続けてやらなければ結果は見えてこない。

この継続性こそ、トレーニングの目的そのものといってもいいぐらい重要だということは、先にも述べたとおりだ。

現状維持にも「負荷」が必要

ここまでの話をまとめると、トレーニングとは、「肉体に何かしらの負荷を与えて、適応現象を引き出すこと」と定義できる。

ここでいう「負荷」とは、肉体に日常生活以上の強度を与えることである。なぜ日常生活以上の強度が必要かといえば、普通の生活を送っていたら、加齢にともなって筋力が衰えるだけだからだ。プラスアルファの負荷を加えなければ、筋肉を強化するどころか、現状を維持することすらできない。

与える負荷は、日常生活以上の強度だったら何でもいい。バーベルがなくても、自分の体重を利用してスクワットをすれば日常生活以上の負荷になるし、日頃めったに歩くことがない人であれば、駅まで歩くことでさえトレーニングになる。

高齢者で車椅子の生活を送っている方であれば、自分で車椅子を動かすだけでも、そこから立ち上がってみるだけでも、トレーニングになるかもしれない。

要するに、「ちょっと辛いな」と感じるレベルのことでも、適応現象を引き出すきっかけになりうるのだ。

私の考えでは、適応現象は以下のような公式で表すことができる。

適応現象＝「負荷の種類」×「大きさまたは強さ」×「期間」

体は一人ひとりすべて違うので、この公式はすべての項が未知数xのブラックボックスのようなものだ。トレーニングの本などでも、一般的な指標として「これくらいやればこうなる」というデータが紹介されているが、よく読めば必ず「個人差がある」と書いてあるはずだ。
「負荷の種類」とは、トレーニングでいえば、バーベルを上げるのかヨガをするのか、ランニングをするのかということである。
「大きさ」「強さ」とは「何キロ上げる」「何回上げる」とか「一つのポーズを何秒やるか」。ジョギングであれば、「何分間走るのか」、「どのぐらいの速さで走るのか」ということだ。
「期間」とは、「1回のトレーニング時間は何分か」「何カ月続けたか」「何年続けたか」ということである。

負荷の種類、強度、それと期間。これがトレーニングにとって欠かせない要素だ。この3つがしっかりと整わないと、適切な反応が起きない。

たとえば負荷の種類が多く、強度が大きくても、期間が短ければたいして効果は出ない。

年齢の壁は越えられる

適応現象は、3つの要素に加えて、トレーニングする人の生体エネルギーそのものに大きく依存する。

トレーニングによる疲労によって筋力はいったん落ち、再生の過程で「超回復」と呼ばれる現象が起こり、筋力は元のレベルよりアップする。筋力はこの繰り返しにより上がってくる。

これを表したのが図(A)だが、ここで見落とされがちなのは、与える負荷は、常に前回のトレーニングのときより大きくしていかなければいけないということだ。先に述べた「漸進性」の原則である。

さらに重要なのは、図(A)がそのまま当てはまるのは、男性であればせいぜい35歳くらいまでということだ。

30歳前後をピークに、筋力は加齢とともに緩やかに落ちていく。30代に入ると、筋肉は萎縮《いしゅく》する方向に向かうので、トレーニングで筋繊維を破壊し過ぎると、その後なかなか回復しない。若いときと同じ負荷を加えても、筋力アップの効果がなかなか出ない。すなわち現実は図(B)のようになるのである。

40代になれば、効果の違いはさらに決定的になる。

また、20歳のときは、筋肉の再生能力が高いから、少し無理をして強い負荷を加えても問題

筋肉の成長モデル

(A) 一般的なモデル(いわゆる「超回復」)

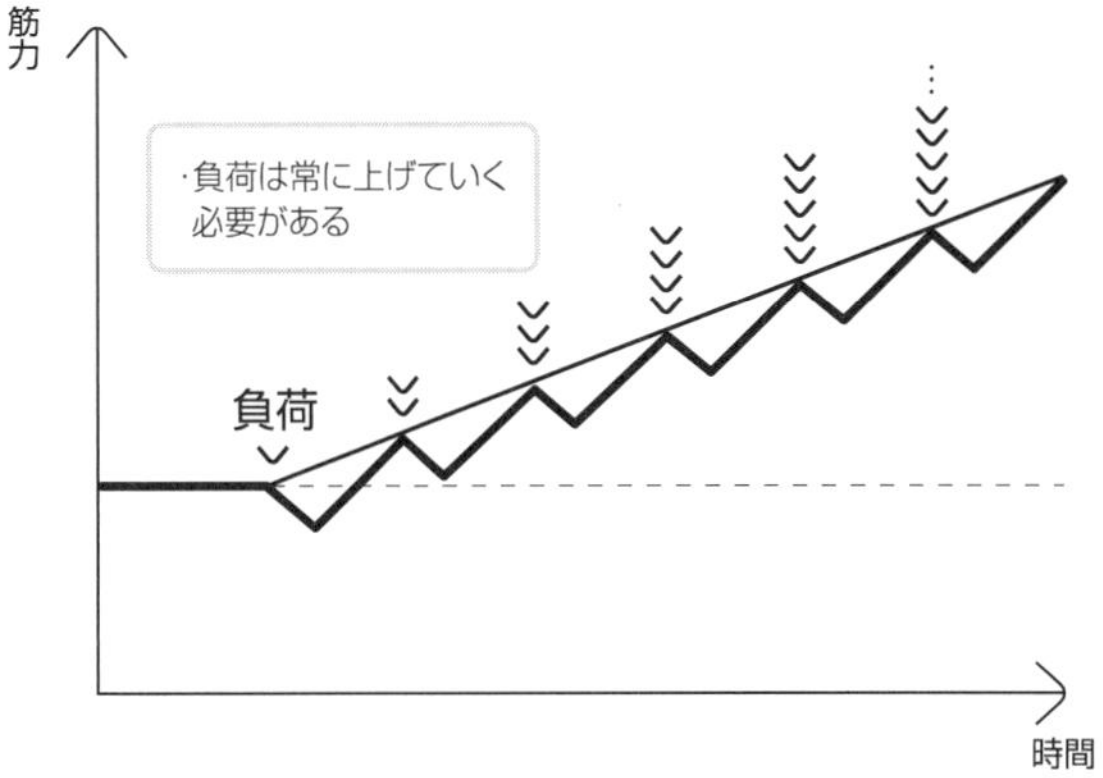

(B) 30代以降の現実

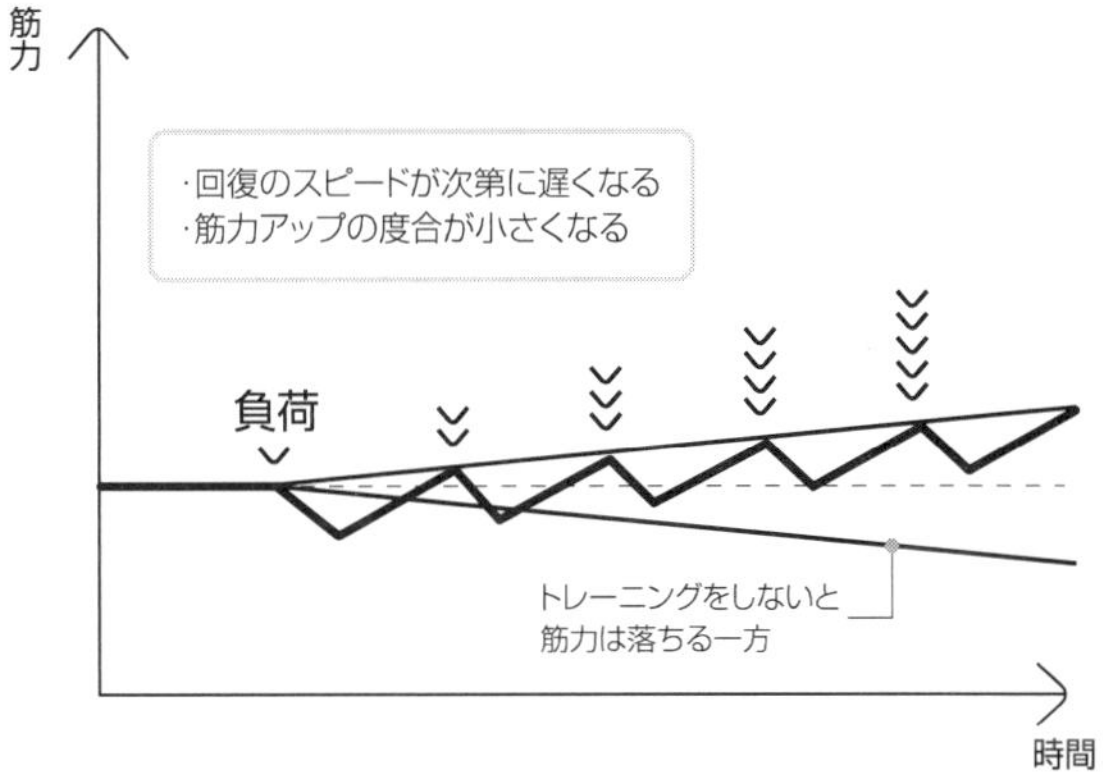

ない。しかし50歳で無理をすると、筋肉が壊れてなかなか回復しない。だから、むやみやたらに負荷を上げて、トレーニング効果を高めるというわけにもいかない。

ここまで悲観的なことを言うと、「中年になって筋トレをしても効果なんか出ないんじゃないか」と不安に思うかもしれない。しかし、決してそんなことはない。

先の公式で言えば、「大きさまたは強さ」では無理ができないとしても、「負荷の種類」や「期間」の部分で、フォローはできる。

思うように効果が上がらないのにトレーニングを続けるのは、精神的にはキツいものだ。しかし、20歳のときと40歳のときでは、忍耐力は40歳のときのほうが確実に上がっているはずだし、目的意識もはっきりしているはずだ。このような精神の成熟は、加齢による生理的機能の低下を補ってあまりある。

だからトレーニングを始めるのに、遅すぎるということはない。

時間をかけて何かをするという経験がどんどん減っている現代社会においては、自分の体の変化とじっくり向き合う、トレーニングという行為は、精神力を鍛える貴重なチャンスなのだ。そう思って、積極的にトレーニングに励んでほしい。

第4章

トレーニングの常識・非常識

筋トレすると体が重くなる?

「筋トレで日頃から体を鍛えている人」と言われてまずイメージするのは、脂肪がついていない引き締まった体つきだろう。だから筋トレをすれば痩せられると思う人は多いと思う。

しかし、筋トレの本来の効果は、筋肉をつけ出力をアップさせることにある。筋肉を増やすのは「ビルドアップ」、体重を落とすのは「ウェイトロス」。ベクトルとしてはまったく逆を向いている。

これまで何も運動をしていなかった人が、1日1回、300キロカロリーを消費する筋トレを始めたとすれば、毎日300キロカロリー分ずつ痩せていきそうに思われる。

しかし、残念なことに運動をすると腹が減る。腹が減るのは体が栄養分を欲するサインだ。筋肉にダメージを与える運動をすれば、体は筋肉を再生するだけの栄養分を要求する。筋肉をつけるとは、体内で新しい物質を合成するということだから、当然、その分の栄養を供給しなければいけないわけだ。それを無理やり我慢して激しい筋トレを続けたら、痩せる以前に、体を壊して倒れてしまう。

また筋肉を主に構成するのは、たんぱく質から成る筋肉細胞だが、筋肉が増えるときには筋肉細胞が増えるだけではない。それにともなって体内の水分も増える。

牛肉や豚肉を食べるとき、焼いて水分を抜いた状態だと大した量には見えなくても、生肉のときにはかなりのボリュームがあることを想像してもらえれば分かりやすいだろう。

要するに、筋肉をつけるとは、その分、体が重くなることなのだ。減量目的で筋トレをしようとする人は、まずそのことをきちんと認識する必要がある。

筋肉をつけると痩せやすくなる?

このような話をすると、筋肉がついた分、体が重くなっても、基礎代謝量がアップするから痩せるのではないかという反論が返ってくる。雑誌などには、「筋肉をつけて基礎代謝を上げれば、寝ている間も脂肪を燃焼するから痩せられる」と書かれている。これについてはどうだろうか。

基礎代謝量とは生体の生命維持のために最小限必要な代謝量のことで、要は1日寝ていてまったく体を動かさなくても消費されるエネルギーのことだ。性別や年齢によって異なるが、日本人の成人男子の場合1日1400キロカロリーぐらいが平均だ。

筋肉が1キロ増えると、だいたい1時間あたり15キロカロリー基礎代謝量がアップする。すなわち1日の消費カロリーが360キロカロリー増えるということだ。1カ月に換算すれば、1万キロカロリー以上。脂肪1キロを燃焼するのに必要なエネルギーは約7000キロカロリーと言われているから、1カ月で1キロ以上の減量ができそうに思える。

しかし、これはあくまで理論上の話だ。

これまでも述べてきたように、そもそも筋肉をつけるのには長い時間がかかる。筋肉1キロを純粋に増やそうと思ったら、約1年間が必要だと言われている。それもボディビルダーのように体の土台ができた人が実験台になり、運動メニューや栄養管理もばっちりという、厳密にコントロールされた状況でトレーニングを行ったとしての話だ。ふつうの人には、とてもそこまで厳密なトレーニングはできない。

確かに筋肉をつけることによって消費カロリーは増える。実際、私の基礎代謝量はかなり大きくなっているから、ちょっとやそっと食べ過ぎたぐらいでは太らない。日々のトレーニングで消費する分もあるから、食べても太れない、というのが実感だ。

しかし、これも10年以上、毎日トレーニングを続けてきての結果である。ふつうの人が、筋肉をつけて基礎代謝を上げることで痩せようとするのは、はっきり言って非現実的だ。

よく雑誌の特集にある「2週間で筋肉をつけて痩せよう」というような幻想は、もう捨てるべきなのだ。

「カロリーオフ」だったらどんなに飲んでも大丈夫?

話は少しそれるが、「筋肉をつけて基礎代謝量をあげれば痩せられる」というような、データを巧みに利用した誇大宣伝は、ほかにもたくさんある。

いい例が、「カロリーゼロ」や「カロリーオフ」のスポーツ飲料だ。

最近はアミノ酸入りのスポーツ飲料が流行で、テレビコマーシャルなどでは、トレーニングの前後に飲むと、トレーニング効果が高まると宣伝されている。

そういうスポーツ飲料の表示をよく見ると、100ミリリットルあたり15キロカロリーなどと書いてある。15キロカロリーなら少ないな、と思うかもしれないが、携帯用ペットボトルはたいてい500ミリリットル入りだ。

そうすると1本あたりのカロリーは75キロカロリー。運動で75キロカロリー消費するのは大変なことである。

仮にアミノ酸摂取による脂肪燃焼効果があったとしても、糖質の過剰摂取によるデメリットの方がはるかに大きい。

法的には、食品100グラムあたり5キロカロリー未満であれば「カロリーゼロ」、20キロカロリー未満なら「カロリーオフ」との表示が認められている。だから、虚偽表示とは言えないのだが、あたかもどれだけ飲んでも太らないように誤解しやすいのは確かだ。

結局は私たちが正しい知識と判断力をもって、マスコミや企業の宣伝に惑わされないようにするしかない。

有酸素運動をすれば痩せられる?

どんなにわずかな運動であっても、人が体を動かすとカロリーを消費する。

主なエネルギー源になるのは、体内にあるグリコーゲン、アミノ酸、脂肪酸だが、そのうち、どれがエネルギー源になるかは、運動の種類によってきまってくる。

たとえば脂肪酸はエネルギーに変換されるまでに時間がかかるから、短距離走や、重量上げのような、短時間に瞬発的なエネルギーを必要とする運動のときには使えない。このような運動は、エネルギーを生み出す際に酸素を必要としないので無酸素運動と呼ばれる。無酸素運動のときには、主にグリコーゲンやアミノ酸が使われる。

筋肉をつけることを目的にした筋トレも無酸素運動だから、残念ながら筋トレで直接的に脂肪酸が使われることはない。すなわち、脂肪はほとんど減らない。

グリコーゲンにはエネルギーになりやすいという特徴があるが、脂肪酸に比べると、物質自体が持っているエネルギーの量が小さい。また、体内に大量にストックしておくことができないから、すぐに在庫が尽きてしまう。

そこで、時間でいうと20分以上、ある程度持続的な運動をするときには、脂肪酸がエネルギー源として使われるようになる。その際、エネルギーを生み出すのに酸素が必要なので、このような運動は有酸素運動と呼ばれる。

脂肪酸がエネルギー源になるまで、長時間続けるには、強度があまり高くない運動が向いている。脂肪燃焼にはジョギングやサイクリング、エアロビックダンスなどのトレーニングが効果的だといわれるのは、そのようなメカニズムによるのだ。

ここで大事なのは、有酸素運動によって、実際、どれだけ脂肪が使われるかだ。

マラソン選手は、運動の性質上、エネルギー源として脂肪酸やグリコーゲンを使う経路が発達するから、普段から脂肪を使いやすい体になっている。

一般の人でも、ジョギングや水泳、エアロビックダンスのような持久的運動を続けていると有酸素性代謝がよくなって、脂肪を使いやすい体になる。

しかし、有酸素運動によって脂肪が使われるといっても、最初に使われるのは血液中の脂肪酸だ。血液中の脂肪酸が減ると、体には自分の恒常性を維持する機能（ホメオスタシスという）があるので、体脂肪を脂肪酸に分解して血液中にとりこむ。これによってようやく体脂肪が減ってくる。

これを、1回30分のジョギングで見てみよう。成人男性の場合、30分のジョギングで消費するエネルギーは300キロカロリーぐらいだ。

有酸素運動においても、脂肪酸だけが使われるのではなく、最初はグリコーゲンがエネルギー源となる。どれぐらいの割合かというと、30分のジョギングであれば、一般の人で半々ぐらい。ちなみにマラソン選手は7対3ぐらいの割合で脂肪酸が使われる割合が高い。かりにマラソン選手と同じぐらい効率的に脂肪酸を使ったとしても、210キロカロリー。

また、仮に運動による脂肪酸の消費がすべて体脂肪の減少につながったとしても、脂肪1グラムのカロリーを7キロカロリーとすると、脂肪に換算してたった30グラム分だ。100日間、毎日運動をしても、減るのはたった3キロ程度にしかならない。

そのぐらいだったら、運動なんかしなくても、食事を調整すればすぐ減ってしまう。体重を減らすという点だけから見れば、有酸素運動には、投資した時間ほどの見返りはないことを知っておくべきだ。

消費カロリーが増えても痩せない?

運動だけで痩せようとするときの、もう一つの壁は空腹感との戦いだ。

運動量が増えれば、その分、腹もよけいに減るようになる。

空腹感を何とか乗り切って、食べる量を増やさなければ痩せるように思えるが、人間には、先ほど述べたように恒常性維持機能がある。

クライアントからは「運動して、食事も増やしていないのに、どうして痩せないんですか？」とよく聞かれるが、これは、消費カロリーが増えることによって食事の吸収率が上がるからだと考えられる。

そこからもう少し頑張れば、体が痩せるモードに入るのだが、それでも急激に痩せるわけではない。

要するに、トレーニングで痩せることは不可能ではないが、たんに体重を減らしたいのであれば、運動をするよりは食事を減らしたほうが、よっぽど手っ取り早いのである。

しかしだからといって、痩せる目的でトレーニングをしても意味がないと考えるのは短絡的だ。

食事を減らすことだけで減量すると、効果は出やすいが、どうしても栄養の不足や偏りが生じてしまい、健康に悪い。さらに運動をせずに減食すると、筋肉量が大幅に低下するおそれがある。そうでなくても筋肉は加齢により減っていくものだから、体重が減っても、逆に体脂肪率は上がってしまうという事態に陥りやすい。

世の中には「画期的プログラム」「このトレーニングで痩せられる」といった謳い文句があふれ、それに惑わされている人が少なくない。しかし、カロリーと栄養分のバランスがとれた食事、筋肉を維持する筋トレ、そして過剰な体内カロリーを消費しやすい体にしてくれる有酸素運動。結局、減量の方法としてはこの組み合わせが最も合理的で確実なのである。

なぜヨガやピラティスで痩せられるのか?

最近、ヨガのレッスンに通い始めたら痩せたとか、ピラティスだけで痩せたという人の話をよく耳にする。

ヨガもピラティスも、運動としては、エネルギー消費量はそれほど大きくない。室温を真夏の炎天下なみに上げ、さらに加湿させた中でヨガを行うホット・ヨガなどは、汗をダラダラかくが、サウナと同じ理屈で水分が出てくるだけだから、それ自体の脂肪燃焼効果は低い。

でも実際に痩せる人がいるのは事実である。実はそれこそがトレーニングのメンタル効果なのである。

たとえばヨガの場合、インストラクターや受講者にはスラリとして、外見が美しい人が多い。そうすると、レッスンを受けている側は、「私もきれいにならなきゃ」という意識が働き、食事の量や生活のリズムなど、生活全体において、太ることにつながる行動にブレーキがかかるようになる。

ピラティスの場合も同様だ。お腹を出したセパレートのウェアを着て、壁一面が鏡張りの教室で、均整のとれた体つきのインストラクターと一緒に鏡に映る自分の姿を見ていれば、日常生活でも太るようなことはしたくなくなる。

これが、ヨガやピラティスで痩せる人たちの仕組みなのだ。

なぜ胸の筋肉をつけると痩せられるのか？

筋トレでも、このようなメンタル効果による身体面への変化が見られる。

私は、痩せたいという動機でトレーニングを始めるクライアントに対して、最初に「食事のコントロールができなければ、体重を落とすことは難しい。もし運動だけで体重が落ちたのなら、その人はラッキーなだけです」とはっきり言う。

そして実際のトレーニングにおいては、最初のうちは、痩せるとか食事のことをなるべく口にしない。代わりに「ベンチプレスを強化しましょう」と提案する。

なぜベンチプレスかと言うと、ベンチプレスによって鍛えられる胸部は、他の部位（背中や脚）よりも、効果が出やすいからだ。最初は10キロのバーベルしか持ち上がらなかったのが、1カ月のうちに、20キロ、30キロと、どんどん上がってきて、筋肉がついてきているのが自分でも分かるようになる。

現実問題として、全身の効果を感じられるようになるには時間がかかる。しかし一部でいいから、目に見える効果を感じられると、俄然《がぜん》やる気が出てくる。ここが筋トレで痩せるための最大のポイントである。

効果を実感できさえすれば、トレーナーの方から何も言わなくても、「せっかく筋肉がついてきたのだから、食事も変えてみようかな」とか「生活リズムを整えよう」といったように、クライアントが自ら生活をコントロールするようになる。

このように何か一つが変わると、他の部分もうまく回りだす。メンタルもフィジカルも、相互作用であるのは間違いない。どちらかによいきっかけをつくってあげれば、その両方がよい方向に動き出すものなのだ。

有酸素運動をするとシワが増える？

有酸素運動を愛好する人はとても多い。私もその一人である。身体の諸機能を強化・活性化するだけでなく、精神的リフレッシュにも役立ち、総合的な効果が大きいからだ。

しかし、有酸素運動にはデメリットもある。それは活性酸素が体におよぼす悪影響だ。激しい運動によって体内に発生した活性酸素は、老化の速度を加速させると言われている。

活性酸素の影響は、シミやシワなど肌に出やすい。エアロビクスダンスのインストラクターのように有酸素運動ばかりしている人たちが、体つきは若々しいのに肌はボロボロで、老け顔の印象を受けるのはそのためだ。

ランニングも水泳もそうだが、有酸素運動というのは、自分に無理のないスピードで続けるものなので心地いい。「ああ、すっきりした」というリフレッシュ効果が大きい。それだけに、有酸素運動はクセになりやすく、やらないと落ち着かない、やらずにはいられないという依存状態に陥りやすいので、活性酸素の影響を受けやすいと言える。

筋肉はなぜ暴走するのか?

クセになるのは、有酸素運動だけではない。

私はよく「筋肉は暴走する」と表現するのだが、体を鍛えることには、ある種の中毒性がある。

「ボディビルダーたちは、どうしてあんなに筋肉をつけるんだろう」と思ったことはないだろうか。

筋肉をつけるには時間がかかるが、努力の結果はそのまま素直に出る。だからいったん筋肉がつきだすと、トレーニングがどんどんおもしろくなってくる。さらに「漸進性」の原則のところで述べたように、常に負荷を重くしていかないと筋肉は成長しないので、トレーニングはますますハードになり、エスカレートする。

そうすると、自由に使える時間を全部、体づくりに注《つ》ぎ込んでしまい、挙げ句の果てには、

「今度ボディビルの大会に出るから、まだまだ筋肉をつけなければ」

「鶏のササミとブロッコリーしか食わない」

といった思考で頭がいっぱいになってしまうのだ。

こうなると、健康も見た目も二の次、筋肉をつけることだけが自己目的化した異常な状態である。周囲からの「もういいじゃない」「そんなに筋肉つけてどうするの」という声も、聞こえなくなってしまう。

人間は自分の得意なトレーニングだけを集中してやってしまう傾向があるから、ボディビルダーには、ジョギングなどの持久性運動を一切せず、筋トレしかしない人が少なくない。

しかし、何か一つに集中しすぎてバランスを崩すと、結局ほかの部分に負荷がかかる。たとえば筋トレしかしなかったら柔軟性はどんどん失われるから、筋力は強いのに、すぐ肉離れするようになってしまう。

私の場合、パーソナルトレーナーという商売柄、常に体を引き締めて、ふつうの人より筋肉質に見せないと、自分の表現力が弱まってしまうし、クライアントの信頼を得ることもできない。だからトレーニングに費やしているエネルギーはかなり大きい。

しかしそれでも、自分がトレーニングに没頭しすぎていないかはいつもチェックし、筋肉のつきすぎた体を美しいと思うのは一部の人の感覚に過ぎないということを意識においている。

暴走に歯止めをかけるものは、やはり客観的な意見である。依存状態に陥ると、必ずまわりの人は「そんなにトレーニングをして、何が楽しいの？」と尋ねるだろうから、そのときにはハッと我に返ってほしい。

仕事に影響が出ていないか、家族との関係に悪い影響が出ていないか、自分のクオリティ・オブ・ライフは実現されているかを省みてほしいのだ。

そのうえで、自分が暴走しかかっていることを自覚したら、しばらくジョギングやスイミングに切り替えるなど、トレーニング方法をガラッと変えてほしい。最近、私の周りのボディビルダーでヨガをする人が増えているが、みんな「まずいな」と思って、バランスをとろうとしているのではないだろうか。

どんな運動にもメリット、デメリットがある。「運動のための運動」になって、運動が自己目的化してしまうと、往々にしてデメリットの方が大きくなることを忘れないでほしい。

女性に筋トレは向かない？

これは私の持論なのだが、女性の体は生理的には筋トレに向いていない。

ホルモンの関係で、女性はトレーニングをしても筋肉がつきにくい。関節の構造も、男性に比べると弱い場合が多く、あまり負荷を大きくすることができない。長く続ければ、確かに脂肪が燃えやすい体になるし、ウェストも細くなるが、運動量にくらべて筋肉のつき方は少ない。どんなに頑張っても、男性ほど、そうドラマチックには変わらないのが現実だ。

しかし健康的に元気でありたいと願うなら、女性、とくに中高年の女性が筋トレをすることのメリットは大きい。筋肉を増やすことは難しいが、加齢によって筋量が減少する下降曲線のカーブをなだらかにすることはできるからだ。ともかく筋肉を減らさない。これが女性の筋トレで一番大事なことだ。

筋肉の減少を加速させる最大の要因の一つは「不活動」である。「不活動」とは、意識的な筋力発揮が少ないことをいう。

普通の感覚からすると「日常生活を送っているだけでも活動じゃないか」と思うかもしれないが、毎日同じように生活している状態は、筋トレ的には「負荷」がない状態であるから、「不活動」である。

だが、自分で意識的に筋力を発揮する機会を持てば、トレーニング的には「活動」になる。

理想的には週に2回、月曜日にトレーニングしたら、2日か3日あけて、木曜か金曜にまたトレーニングする。その際、筋トレだけでなく有酸素運動も組み合わせてバランスをとる。このペースを守りつつ、食事をコントロールしていけば、下降曲線のカーブを緩やかにすることができる。骨量の減少も抑えられるから、何歳になっても美しく活動的な体を保つことができ、将来寝たきりになることの予防にもなる。

筋肉は何歳まで鍛えられるのか?

人は生まれた瞬間から死に向かって生きていく生き物だ。成長のピークを過ぎれば、あとは加齢にともなって筋肉は老化し、萎縮してその量が減っていく。

さらに、いわゆるお年寄りになると、家から出る回数も少なくなり、活動量が減っていく。活動量が減れば、筋肉への刺激も減るので、筋肉はさらに萎縮して小さくなる。このような現象を「廃用性萎縮」と言う。廃用性萎縮とは、体の器官が使われないために機能が低下していくことで、筋肉や骨だけでなく、体のすべての器官に生じるといわれている。

しかし、高齢になってもトレーニングをして刺激を与えれば、筋量は維持され、場合によっては肥大することとすらある。すでに筋の萎縮が深刻な状態まで進んでしまっても、適切なトレーニングを行うことによって、回復させることは可能と考えられている。

また、トレーニングは骨にとってもよい影響をもたらす。骨は、女性で20代前半ぐらい、男性で20代半ばから後半ぐらいに達すると、もうそれ以上太くなることがない。その後は成長ホルモンの分泌が減少するのにともなって、骨密度が小さくなり、骨量が減少していく。しかしトレーニングによって刺激を与えれば、骨量の減少を食い止めることができると言われている。

さらに運動には、精神のリフレッシュ効果もあるので、加齢による抑うつ傾向を防止するのにも役立つ。

だから高齢になってからトレーニングを始めても意味がなくはないのだが、実際のところ、それまで運動をする習慣のない人が、70歳になってからいきなりトレーニングを始めても、効果が出るまでに時間がかかるから、なかなか続かない。

私が仕事をしているジムには、73歳の男性が通ってきている。若い頃からトレーニングを続けているとのことで、とても若々しい体つきをしている。

若いときのようなハードなメニューはこなせないから、自己流でやっているとのことだが、決して頑固な印象はない。よくスタッフに「どうしたらいい？」「私はこうしているのだが、正しいかね？」などと質問してアドバイスを受けており、精神的にとてもしなやかな印象を受ける。

年をとってもこのように運動ができるのは、やはり昔からやっているからという部分が大きい。だから、トレーニングしようかどうしようか迷っているなら、なるべく早く始めることをおすすめする。

中学生が筋トレをしても効果がない？

では、トレーニングは何歳ぐらいから始めるのが最も効果的なのだろうか。

一般的には、中学生以下の子どもが筋トレをしても、あまり効果がないと考えられている。正確に言えば、一時的な効果はあり、筋力はアップするのだが、すぐに元に戻ってしまうのだ。

10歳ぐらいの男子に最も適しているのは、神経系のトレーニングだ。この時期は神経系の適応がとても早いので、サッカーだったら複雑なドリブル練習とかパス回しを練習すると、とても効果が大きい。この時期にしっかり神経系のトレーニングをしていれば、いわゆる「運動神経がいい」人になれるので、その後、何歳になってもスポーツを楽しむことができる。

次の段階、だいたい年齢でいうと12歳から14歳ぐらいまでは、持久力トレーニングが適している。心臓とか肺とか、循環器系の機能が向上しやすい時期なので、この時期に走りこみなどのトレーニングをすると、とても効果がある。逆に、10歳くらいの子どもに走りこみをやらせても、体が適応できないから辛いだけだし、トレーニングの効果も自覚できないから飽きてしまうだけだ。

中学生後半ぐらいになると、男性ホルモンの分泌が盛んになって、顔つきや体つきが「男らしい」感じになってくる。この時期が筋トレを始めるのに最適な時期だ。

高校生ぐらいでトレーニングを始めると、本当に劇的に変わる。何を食べても脂肪はつかないし、何を食べても筋肉がつく。

また、この時期にきちんと筋肉を鍛えておくと、その後、運動をする機会がなく、40歳になってトレーニングを再開したという場合でも、まったくやっていなかった人に比べると効果が出るのが早い。

これはまだ最終的に実証されたわけではないが、いまの研究段階では、トレーニングをしていた経験のある人のほうが、そうでない人に比べてトレーニングに対しての反応性が高いといわれている。たとえば10年ぐらい継続してトレーニングをしていて、5年ぐらい中断し、またやりだすと、全然やったことのない人よりも、確実に効果は出やすい。

この本の読者の多くはビジネスパーソンだろうから、いまさら高校生には戻れないと言われそうだ。だが、せめてお子さんがいる人は、それぞれの発達段階に適したトレーニングがあることを知り、部活の選び方や活動内容のチェックの参考にしてほしい。

ピラティスで腹筋は割れるか?

いま女性を中心に、ピラティスが大流行だ。

ピラティスはもともと負傷兵のリハビリトレーニングとして開発された運動で、軽い負荷によって、体の奥にある小さな筋肉を鍛えるのに効果があると言われている。私もピラティスを体験してみて、筋肉を意識しやすいエクササイズだという印象を持った。トレーニング初心者にはとくに効果的だと思う。

では、ピラティスによって、腹筋が割れるほど筋肉を鍛えることはできるだろうか。先に述べたように、筋肉をつけるには「機械的破壊」「成長ホルモン分泌」「適切な負荷」の3つの条件が欠かせないが、ピラティスは、これをバランスよく満たしているとは言えない。

地味に腹筋運動をするよりは、ピラティスのほうがおしゃれだし楽しそうに思えるのは分かる。しかし、ほとんどのトレーナーは、「ピラティスで、腹筋が6つに割れますか？」と聞かれたら、「ピラティスよりも普通の腹筋運動をしたほうがいいですよ」と答えると思う。

中にはピラティスで腹筋が割れたなどと言う人もいる。しかしそれが、ピラティスそのものの効果によるかは疑問だ。私が思うに、体脂肪が何がしかの要因で減少し、もともとあった筋肉が浮き彫りになっただけではないだろうか。

もちろんピラティスにまったく腹筋を割る効果がないわけではない。何もやらないよりは、やったほうがずっといい。また、オーソドックスな筋トレを長く続けていると、どうしても飽きや偏りが出てしまう。ときどき、ピラティスのような新しい刺激を加えると、肉体的にも精神的にもリフレッシュできる。また、ピラティスと同じように女性を中心に人気の高いヨガは、筋トレと並行して行うと、筋肉が硬直するのを防いでくれたりする。

だが、「腹筋運動は辛いからやりたくない。でもヨガやピラティスは、流行だからやりたい」

ぐらいの動機だと、本格的に筋肉を鍛えるのは難しい。

結局、楽なことをしていたら、腹筋が割れることはない。辛い現実かもしれないが、腹筋を割るとはそういうことなのである。

第5章 トレーニングがうまくいく人、いかない人

失敗する人には共通点がある

トレーニングが失敗する人には、決まっていくつかの共通点がある。典型的なのは、次のような点だ。

・目的が曖昧
・目標が立てられない
・計画性が低い
・スケジュールに無理がある
・情報に惑わされやすい

これらの問題点からは、さらに次のような問題が派生してくる。

まず、計画性のない人は、生活環境を整えられない。睡眠のリズムや食事の内容を整えることは、トレーニングの効果を上げるための前提、トレーニングそのものよりも重要なことと言ってよいぐらいだが、計画性のない人にはいつまでたってもそれができない。

そしてトレーニング法をコロコロ変えてしまう。先に述べたように、トレーニングの効果が出るまでには半年かかると思っていたほうがいい。頻繁にトレーニング内容を変えていては効果が出るわけがない。

挫折しやすい人は、雑誌やテレビなど、マスコミが流す情報に左右されやすいという傾向もある。そしてそのわりには、トレーナーの意見を聞かない。トレーナーが「こういうふうにしたほうがいいですよ」とか、「こういうふうにしましょう」と言っているのに、「テレビではこうやっていたから」などと言って、勝手に違うことをやってしまう。

また、はりきってしまって内容を詰め込みすぎる人、何もかも一度に変えようとする人も、長続きしない傾向がある。最初から盛りだくさんにしてしまうと負担が大きいし、トレーニング効果が見えにくい。これも目的が絞り切れていないことから生じる問題だ。

トレーニングを続けるにはスケジュールとプログラムのつくり方を工夫することだ。その具体的方法については、第8章で解説する。

成功する人は目的が明確

失敗する人に共通点があるように、成功する人にも共通点がある。

・目的が明確である
・忍耐力がある
・計画性が高く実行力がある
・情報の選択力が高い

・コミュニケーション能力が高い
・仕組み化が上手い

成功する人たちは、自分がなぜトレーニングをするのかという目的がとにかく明確で、どこに向かって進めばいいかを理解している。だから辛い筋トレにも耐えることができ、気持ちがぶれない。これが成功する人に共通する最大の特徴だろう。

目的が明確であるとは、言い換えればゴールが明確ということだ。だから、逆算的に、実行性が高い計画を立てることができる。

また、成功する人たちは外からの情報に振り回されることが少ない。必要な情報の選択が動物的にというか、神がかり的に上手で、指導している私もしばしば驚かされる。

コミュニケーション能力が優れているのも、彼らの共通点である。トレーニングの場合、自分がいつまでにどうなりたいか、どれほど真剣なのかをトレーナーに伝えることが重要なのだが、意外にこれができない人が多い。しかし成功者はサラッと伝えるのが上手い。だから遠回りをしない。トレーナーのプロとしての意見を尊重し、任せるところは任せつつも、自分の希望をきちんと伝えることができるのである。

彼らはトレーニングを続ける仕組みをつくることにも意識的である。トレーニングがうまくいっている人でも、いわゆる中だるみというか、ついついサボりがちになるときはある。彼らは決して常にやる気が満々だから成功するのではない。そうではなく、やる気が高まらないとき、気持ちが落ち込むときがあることをあらかじめ想定し、そういうことがあっても、トレーニングを自然と実行できるような仕組みを作っているのが、彼らの成功の秘訣なのだ。

例えば、

・トレーニングを始めたことを周囲に公約、宣言する
・協力者や、一緒にトレーニングする人を探す
・パーソナルトレーナーをつけ、スケジュールを確定する
・自宅や会社に近いフィットネスクラブに通う
・マラソン大会に出る（マラソン以外にも、有酸素運動を継続する理由になるものなら可）
・達成できたら自分にご褒美をあげる（もしくはその逆）

などの「仕組み化」によって、トレーニングを継続していくのである。

成功する人はスローラーナー

成功する人には、もう一つ重要な共通点がある。それは、一度に多くを変えない、ということだ。

トレーニングを始めたら、本当はそれに合わせて食事や睡眠の仕方も変えたほうが効果は出

やすくなる。

でもたいていの人は仕事があるから、食事も睡眠もすぐに変えることは難しい。そこで、成功する人は、とりあえずトレーニングを始めることだけに専念する。さらにトレーニングのメニューも、あれもこれもと手を出さず、一カ所をじっくりと鍛える。ひとつのことに集中することで、効果が見えやすく、他の部分もそれにつれてうまく回り出すというのは、前述したとおりだ。

うまくいく人は、一見スローな感じがする。しかしそれはスローラーナー（ゆっくり学習する人）とファストラーナー（早く学習する人）の違いのようなものだ。スローラーナーはファストラーナーのような気負いや焦りがない分、あまりやる気になっていないように見えるが、決してモチベーションが低いわけではない。

トレーナーにアドバイスを受けたら、それを信じてやる。一度に多くのことを変えないし、一度に多くを望まない。筋肉をつけたい、体を引き締めたい、体重も減らしたいというのではなく、「しばらくの間はトレーニングに慣れることを目標にしよう」と考える。

「私は運動経験があまりないから、まずはジムに来ることから始めよう」

「その次は、フォームを覚えよう」

と、自分の性格やスケジュールをよく分かった上で、できることから手をつける。

生活リズムもいきなり変えたりしない。夜、お酒を飲む人が、それを無理やり辞めてしまうことは、それだけで挫折の原因になる。

面白いもので、体つきが変わってくると、まわりの人が無理にお酒に誘わなくなるらしい。「彼は最近トレーニングして体を絞っているから、あまり勧めちゃ悪いよ」というふうに変わってくるそうだ。

ノーベル物理学賞を受賞した小柴昌俊さんは、学生時代、東大の物理学科でビリだったそうだ。人がパッとできることができない。研究成果がすぐ出せない。しかしそれでも、コツコツ努力し続けて、ノーベル賞をとった。

人間には、スローラーナーとファストラーナーがいる。トレーニングはどちらかというと、スローラーナー系のほうが効果が出やすいかもしれない。トレーニングではコツコツ続けることが何よりも大事だからだ。

健康診断の数値は改善したが——失敗例1

これまでに私が指導してきたケースのなかから、うまくいかなかった例を紹介しよう。もちろん私のトレーナーとしての技量が足りなかったからだと自戒しているが、それをさしひいても、これからトレーニングを始めようとする人にとって、参考にできる点は多いと思う（失敗例・成功例ともに、複数のクライアントの例を組み合わせ、一部エピソードを改変していることをあらかじめお断りしておく)。

クライアントは、40代後半の男性。身長は172センチ、体重は90キロ、体脂肪率は28%。体型はガッチリしていて固太りである。

トレーニングの目的は、「健康のためです」ということだった。目標は、「次の健康診断がある1カ月後までに、健診数値をよくしたい」とのこと。

ここで、目的と目標をそれぞれ定義しておくと、私が言う目的とは、「何のためにトレーニングするか」ということで、目標は「そのために何を、いつまでに達成すべきか」ということである。

彼の場合、体重で言えば、80キロ台前半まで落とす。ウェストは95センチあるのを、84センチに絞ろうと決まった。これが目標だ。そしてその結果として健康になるということが目的である。

トレーニング経験のない人からすれば、高いハードルに思えるかもしれないが、この目標数値自体はそんなに難しくない。

スケジュールは、週3回、1回60分、私のレッスンを受けることになった。自主トレはしない。

職業は自営業。仕事はハードで、生活リズムは不規則だ。

学生時代にかなりスポーツをしていたことがあるとのことで、トレーニング・フォームを習得するのは上手だった。

ただ一つ難点があって、自己流のクセがとても強い。「このようにしてください」と私が指導しても、すぐ自分のやりたいふうにやってしまう。

当初は相当やる気に燃えていた。食事や生活リズムについてはそれほど指導しなかったのに、トレーニング開始後1カ月ぐらいで、体重は80キロ台までポンと落ちた。

ウェストのほうは、目標の84センチまではいかなかったものの、当面の目標だった健康診断を受けたら、「問題ないだろう」というレベル。一応の結果は出たわけである。

健診後も引き続き指導してほしいというオファーをいただいたので、「それでは今度はどのような目的でトレーニングをしますか」と聞いてみたが、最初のときのように明快な答えがない。「うーん、楽しいから?」とかそういう感じだった。

おつきあいが3カ月、半年と続く中で、その人自身はどうやら「体を引き締めて、もてたい」と思っているらしいことが見えてきた。

筋肉の盛り上がった腕になりたいとか、ウェストをギュッと引き締めたいとか、胸板を厚くしたいとか、つまり、見た目の変化を求めていいのだ。

だが、一時的に体重を落として健康診断の結果をよくするのと、筋肉をつけるのとでは、わけが違う。トレーニング内容がまったく異質なのだ。ただ単に、中性脂肪を減らすなどというのは、比較的簡単に達成できる。だが、体型変化をともなうようなトレーニングは過酷だ。睡眠も十分にとらなければいけないし、栄養のバランスも考える必要がある。筋肉隆々の体というものは、生活スタイル全体を改めて、長い年月をかけてやっと達成されるものなのだ。

ようやく彼のトレーニング目的がつかめたので、私は「それではこういうふうにしたらどうですか」と筋トレメニューと生活リズムの改善を提案してみた。しかし、彼はどうしても多忙を極める生活を変えられなかった。

健康診断対策のトレーニングをして、1カ月で効果が出た成功体験があるから、トレーニング効果を楽観視しているふしもあった。

それでも経営者として、自分が一度決めたことは実行しなければならないという信念があるから、週3回のトレーニングにはヨロヨロしながらでも来る。

それ自体は立派なことなのだが、睡眠不足がひどいと、まともなトレーニングはできない。いくら本人は「大丈夫、大丈夫」と言っても、前の晩に2時間しか眠っていないようなありさまで顔色が悪い、血圧や尿酸値も高い、といった状態で強いトレーニングをしたら、体へのデメリットの方が大きい。

私としては、「それでは今日は有酸素運動だけにしましょうか」「ストレッチングしましょうか」という判断をせざるをえない。

そんなことが続いて、結局、「もてる体」にはなれないまま、彼はパーソナルトレーニングをやめてしまった。

もっともいまでも、健康診断が近づくとジムにはやってくる。

もう健康診断対策の方法は知っているので、トレーナーにはつかず、自主トレしている。しかし以前は健康診断の1カ月前に来ていたのが、毎回やってくる時期が遅くなる。前回の健康診断のときは3週間ぐらい前だった。ジム通いの再開から健康診断の日までの間隔が徐々に短くなっている。少しでも楽をしていたいという気持ちに勝てないのだろう。

彼自身は、自分の中でノウハウを蓄積しているつもりなのだろうが、現実的には一時しのぎに過ぎない。楽をしようとしたら、それなりの結果しか出ない。だからいつまでたっても彼の体は変わらない。それどころか、いったん痩せた後また太ったし、体調も相変わらずよくなさそうだ。

彼自身はきちんと自覚できていないのだが、彼のトレーニング目的は、健康診断の数値改善ではなく、「もてる体」になることだと思う。しかし、それがトレーナーに伝わらなければ、またトレーナーのアドバイスを受け入れることができなければ、期待する効果は望めないだろう。

最近では、彼を見かけることはほとんどなくなったが、きっとどこかのジムで同じことを繰り返しているのではないだろうか。

体重だけを減らしても――失敗例2

次に女性の失敗例を紹介したい。彼女は私がパーソナルトレーナーの仕事に就いたころの初期のクライアントで、うまくいかなかったのは、本人の問題だけでなく、私の指導が未熟だった面が大きい。その反省も込めて、そのときのことをふり返ってみたいと思う。

当時40代前半の女性で、目的は「ウェイトロス」。

身長は158センチ、体脂肪は26％で、ところどころたるみは見られるが、外見上、別に太ってはいない。BMI値も22だから、大きな問題はない。

目標は、2カ月で体重を54キロから49キロに落とすことだった。それほど無理な数値ではない。

スケジュールとしては、週に1回トレーニング指導を受け、週に2回自主トレをして、合計3回。1回のトレーニングは90分である。

過去にスポーツを熱心にやっていた人で、当時も冬は何週間もスキーに行ったりするような、運動能力が高い女性だった。だからトレーニングのフォームも、すぐに習得できてしまう。

前項で紹介した彼もそうだが、昔、運動をしていた人は、トレーニング・フォームの習得がうまい。しかし、これはことトレーニングに限れば、あまりいい方向に作用しない。器用貧乏といったら言い過ぎかもしれないが、そういう人は「なんだ、できるじゃん」という感じで、すぐ飽きてしまいがちなのだ。

何度も言うが、トレーニングは続けることでしか効果が得られない。すぐできる人は飽きやすいので挫折しやすく、結局「振り出しに戻る」的なことを繰り返すことが多い。

彼女の場合、筋トレを集中してやるのは初めてだが、昔から、ジムには通っていたから、ジムに来るのは億劫ではなかったそうだ。やる気もとても旺盛で、食事の内容をほとんど変えなくても、すぐに体重が1キロ落ちた。初期のデータとしては非常に良好だった。

この調子なら2カ月で5キロ減の目標は達成できそうだと、本人も私も楽観していた。

ところが、1カ月を過ぎたあたりから、全然体重が落ちなくなった。朝計ったら51キロ、夜計ったら52キロというように、むしろ増加傾向にある。

当然本人は、「あれ、あれ?」という感じで不安になる。

彼女は生活リズムは別に悪くないのだが、仕事柄、夜のお付き合いが少なくない。体重を減らすには、トレーニングだけでなく、食事のコントロールもとても大事なのだが、当時の私はそこまで踏み込んだ指導ができなかった。

効果が表れないと当然モチベーションは低下し、次第にジムに来る頻度が落ちていった。来るのは私がレッスンする週1回だけになり、当初の予定の「残り週2回は自分でトレーニングする」という部分が飛んでしまった。

そのうち、週に1度の私のレッスンにも、「ちょっと行けなくなってしまった」とか、「時期的に忙しい」などと言って、だんだん来なくなってしまった。

ところが、指導を中断して2、3カ月した頃、彼女が再びジムにやってきた。驚いたことに、かなり痩せている。

「どうしたんですか」と聞いたら、「私、いま断食してるのよ」という。

なんでも、ひと月に4日間ぐらい、断食道場に泊まって断食しているそうなのだ。

「すごく体重が落ちるし、体もすこぶる調子がいいわ」

だから、ジム通いを再開したのも、筋トレというより軽い有酸素運動をするのが目的で、彼女のなかで痩せる方法のメインは断食になっていた。

そんなこともありながら、かれこれ3〜4年おつきあいが続いたが、その間、確実に彼女の体脂肪率は上がってきた。

人間の筋量はだいたい25歳ぐらいで成熟を迎え、30歳ぐらいでピークになる。彼女は40代前半だから、ちょうど下降線の途中にいる。だが、これは適正な栄養が摂取された場合の変化であって、栄養摂取が不十分だと、下降カーブはもっとガクンときつくなる。

私たちが必要とする栄養素のなかでも、特にたんぱく質は体の中で保持しておくことができないので、厚生労働省では、1日に60グラムの摂取を勧めている。アメリカでは、「体重1キロあたり2グラムのたんぱく質を摂りましょう」と言っている。

彼女が通っていた断食道場はかなり本格的で、断食中は白湯《さゆ》くらいしか飲まず、たんぱく質の補給もない。しかしその間も、筋肉は分解と合成を繰り返しており、たんぱく質を必要としている。そうすると、4日間もたんぱく質を摂らないでいると、その分どこかから補わないといけないため、体は自分の持っている筋肉を分解してしまうのである。

20代なら、筋量はまだ上昇カーブにあるから、いったん筋肉が分解されても、また増やすことが可能だ。しかし40代ではそうはいかない。

彼女の体重は相変わらず52〜53キロ。断食をすると40キロ台になるそうだが、体脂肪率は常に高めだ。その年代の女性だと30%くらいが平均値なのだが、彼女は35%くらいある。体脂肪が増えてきているということは、筋量が減っていることを意味する。つまり、彼女は同じ年齢の女性よりも筋肉が少なくなってしまっているのだ。

「わずか5%上回っているだけだったら、大したことないのでは」と思う人もいるかもしれない。

しかし考えてほしい。歩いたり走ったりするだけでなく、言葉を発することも、文章を書くことも、脳で考えたことは、筋肉によってしか表現できない。脳で考えたことを、人間の具体的な活動にしてくれるのは、すべて筋肉の働きだ。だから体脂肪が増えて筋肉が減ったということは、人間としての表現方法の手段が減るという、とても重大なことなのだ。だから、トレーニングにおいては、ウェイトロスを目的とする場合でも、体重そのものよりも、体脂肪率を重視するのである。

彼女の場合、本人は体重をとても気にして、断食してから1週間ぐらいは、体重が49キロをキープできるので、もっと断食に行く時間がとれさえすれば痩せられると思っている。しかしそれでは見かけの体重は減らせても、脂肪が増えて筋肉が減るという悪循環を繰り返すばかりだ。

振り返ってみれば、彼女はトレーニングを始めた当初から痩せることを目的としていて、具体的な目標数値も持っていたのだが、「では何のために痩せたいのか」というところが曖昧だった。

その点をもっとつきつめて、筋トレはクオリティ・オブ・ライフの向上を目的としてやるものだというところに意識を向けることが重要なのだ。それを伝え切れなかったのは、私の反省点でもある。

ゆっくりペースで目標達成――成功例1

今度は成功事例を紹介しよう。

クライアントは40歳の女性で、体型は中肉中背、職業は医師。

この人の目的は「健康的な生活を送りたい」「いつまでも健《すこ》やかでありたい」というもので、目標は「トレーニング方法を習得して生活の一部にする」ことであった。それを1年間ぐらいかけてゆっくりとやっていきたいという。

トレーニングの頻度としては、平日の夜に筋トレのレッスンを週2回。ほかには、ヨガを土日に1回やることにした。

運動経験はほとんどない。体力レベルも普通だ。そこで初めのうちは、ともかくジムに来てもらうことに専念した。本人自身も、「別にそんなに無理はしないで、まずはジムに来ることが大事だ」という考えをはっきり持っていた。

2カ月目の後半ぐらいから、トレーニング種目と実際の動作が結びつくようになった。たとえば私が「ベンチプレス」と言うと、「あっ、あのバーベルをあげる種目ね」と反応できる状態だ。

そこでこちらは、待ってましたとばかりに、難しい種目や強度の高い運動を勧めてみた。ただ、積極的に指導はしても、1回のレッスンにたくさん種目を詰め込むことはしなかった。1回にせいぜい4、5種目と、とてもゆっくりしたペースだ。

一つの種目をだいたい4週間ぐらい続けると、トレーニング効果は頭打ちになる。体が適応してしまい、刺激として認識されなくなるからだ。

その場合、変える要素としては、重さか種目のどちらかなのだが、やたらに負荷を上げて筋肉を増やしていくことは彼女の目的からは外れてしまうので、種目を変えることにした。

どんなジムでも、体の一つの部位に対して行える種目は、せいぜい数種目だ。だから、4週間ごとに種目を変え、ときどき過去の種目に戻って復習、というふうにプログラムを実行していった。

彼女がすごいのは、その間一度も、「痩せたい」と言わなかったことだ。男女を問わず、実際に太っているかどうかを問わず、トレーニングに来る人のほとんどは、二言目には「痩せたい」と口にするのだが、彼女は本当にひと言も言わなかった。

レッスンでは、1カ月に1回、体脂肪や体重を測定する。あるとき私が「今月は体重が増えましたね」と言っても、「あ、そっか。昨日食べ過ぎたからなあ」と淡々としていた。そして翌月には体重を戻し、トータルでは体脂肪減少の方向に向かっていった。

そんな調子で1年が経過し、ジムでできる種目をあらかた覚え、パーソナルレッスンはやめたのだが、トレーニング自体はいまも続けている。

彼女は「正しい運動の仕方を覚える」という当初の目標を達成した。

痩せることについても、関心がなかったわけではないと思うのだが、「痩せることは、トレーニングを続けていくという流れの中での通過点にすぎない」ということをよく分かっていた。

痩せることが目的になっている人が見落としがちなのは、「痩せたら痩せたで、それを維持するためにはトレーニングを続けなければいけない」ということだが、彼女はその点をよく理解していた。続けるためには、自分にとって無理のないやり方が最も大事だと考える、いい意味でマイペースな人だった。

仕事はかなりハードだったようで、トレーニングを始めたころは、1週間くらいまったく来ないときもあったが、徐々に自分のペースを整え、最後のほうでは、まるまる1週間以上空いてしまうことはほとんどなかった。

このようにセルフコントロールがうまかったことが彼女が成功した最大の要因だが、ほかにも、人の意見をちゃんと聞くという要因も大きかったと思う。

医者なので、当然、専門知識は豊富なのだが、それをひけらかすことは全くなく、自己流のやり方にも走らなかった。いまでも1カ月に1回ぐらいは、私のところにアドバイスを聞きにくる。

一度に多くを変えようとしない──成功例2

もう一人、30代男性の成功例を紹介したい。

彼の場合は、トレーニングを始めた目的が面白い。つきあっていた女性にふられた。だから、新しい彼女をつくりたい。でもその前に「自分をなんとかせないかん」ということに気がついた、と言うのだ。

その人は大学まで野球をしていた。30代に入り、仕事も一段落ついたところで、気づいたら体がブヨブヨだ。それが原因でふられたわけではないだろうが、体がだらしないということは、自分の気持ちもだらしなくなっているのではないか、と彼は思った。

「自分の心を鍛え直すためにトレーニングをして、自分を新しくつくりかえたい」と、彼は話してくれた。私と年齢が比較的近かったということもあるのだが、彼は「ふられた」というプライベートなことを、最初から正直に話してくれた。

トレーニングが長続きするかしないかの差は、ここにある。目的をちゃんと伝えられるか、伝えられないかで、その後の展開が大きく違ってくるのだ。

失敗例であげた40代前半の女性の場合も、たんに「体重を落としたい」などではなく、その先にある何か、「もてたい」とか、「男性からきれいと言われたい」とか、そういうことをはっきり言ってもらえれば、結果は変わっていたかもしれないのだ。

何もすべてを暴露しろということではない。また、トレーナーにプライベートなことをすべて話せと言っているわけでもない。ただ、「痩せたい」とか「流行っているから」とか「健康診断の結果をよくしたい」とか、通り一遍の浅薄《せんぱく》な動機で続けられるほど、トレーニングは甘くはない。

人間はいざというときはカッコをつけるのをやめて、なりふり構わず、自分がそれだけ真剣だということを伝えなければいけない。それはビジネスでも恋愛でも同じだ。

トレーニングの場合、最終的な目的は、「自分のQOLを高める」ということに行き着く。自分なりのQOLを言語化して伝えられることは、トレーニングがうまくいく人の共通点だ。

彼の目標は、体重を落とすこと。しかし「いまの自分には何キロぐらい減量可能なのか分からないから、それはトレーナーに任せるよ」ということで、特に数値にはこだわらなかった。

自分で会社を経営しているので、常に忙しい。当然、夜の酒席も多い。朝食は食べず、昼・夜、1日2食の生活だ。食事の内容や生活リズムを変えなければいけないという自覚はあったが、「自信がない。でも、できる範囲で努力する」とのことだった。

こういうと、まるでやる気がないように聞こえる。しかし、「分かりました」「明日から6時起きします」などと、すぐ反射的に答えてしまう人のほうが、結局は続かない。

結論を急がない、保留できるということは、成功者の共通点である。

トレーニングを失敗してしまう人は、すぐ結論を求めたがる。だから「それではこうしよう、ああしよう」と決めてしまうのだが、現実的には無理があることが多い。これに対して、うまくいく人は、「とりあえず、おいておこう」とか「ちょっと様子を見ようかな」ということができるのだ。

彼の場合、決して肥満ではないが、体型はムチッとしている。過去の運動経験が豊富で、運動神経もよさそうだ。

スケジュールとしては週に2回、1回60分から90分ぐらいのパーソナルレッスンを受けるだけにした。自主トレを組み込むのはスケジュール的に無理だった。

彼の目標は「体重を落とすこと」だったが、当初のトレーニングはボディビル的なトレーニングにした。

なぜなら、ふられた自分と決別するためにも、体型を変えたいはずだからだ。

体型をつくりかえるトレーニングをすると、体重にはあまり変化はない。逆に、一時的に1、2キロ太ってしまうこともある。先に述べたように、筋肉がつくと、体の水分量が増えたりするからだ。

彼も少し体重が増えたのだが、その理由を説明したら「ああ、そうなんだ」と納得した。それにより食生活を改めることもなかった。

2カ月ぐらい続けていると、徐々に大胸筋などがガッチリしてくる。「筋肉がついてきたな」ということが、自分でも分かるようになる。

胸筋という結果が一つ出てきたところで、彼は保留していた「食事を変える」ところに手を付け始めた。私はそれより前から食事内容の改善を提案していたのだが、そのままになっていた。しかし、トレーニングだけで胸板がこれだけ厚くなるんだから、食事を変えたらもっと手応えが得られるのではないかと、ついにその気になったのだ。

改善の第一歩として、彼は長く続いていた1日2食の習慣を改め、朝にプロテインドリンクを飲むようになった。昼食は、好きなドンブリ物をやめて、和定食のような、栄養バランスのとれたメニューを心がけた。本当に初歩的なことからの改善だ。

そうしたら、次第にウェストが引き締まり、体脂肪が減ってきた。食事の総量はそれほど減らしていないので体重は変わらないのだが、体脂肪の割合が減少し、筋肉の割合が増加するという、好循環のモードに入ったのだ。

どんなトレーニング雑誌にも、食生活を改めるのが大事だと書いてある。だから熱心な人ほど、今すぐ食事を変えようとしてしまう。

確かに食事は変えたほうがよいのだが、重要なのは、食事の中身云々よりも、それをずっと続けられるのかどうかということだ。

急激に食事の量を減らせば、確かに体重は落ちる。しかし変化が急激であればあるほど、その後のリバウンドも激しい。体重のリバウンドが大きいだけでなく、それによって失う自信や誇りの精神的リバウンドも大きい。

だから「徐々に変えていく」ことが大事なのだが、彼はそれができたいい例である。

ちなみに彼はまだトレーニング中で、よく一緒に飲みに行くが、いまだに新しい彼女ができた様子はない。

第6章 食事と睡眠の質を上げる

トレーニング効果と生活リズムの密接な関係

トレーニングによって筋肉は一時的に破壊される。それが破壊された分を上回って回復することで、筋肉がついてくる。破壊された筋細胞がうまく回復するかどうかを大きく左右するのが、睡眠と栄養だ。

だから、筋肉を鍛えるためには、適切なトレーニングプログラムを組むだけではだめで、睡眠と栄養も計画的に取り入れないと、効果が得られない。生活リズムとトレーニングは、切り離しては考えられないのだ。

生活リズムには、人それぞれ個人差がある。朝のほうが何でもはかどり、夜になるともう起きていられないという人がいる一方で、朝はなかなか起きられず、そのくせ夜になるとらんらんと目が輝きだす人もいる。

しかし、体温やホルモン分泌は生物としての体内時計の制御を受けており、夜型とか朝型といった生活パターンの問題以前に、意識的な行動とは別の部分でコントロールされているものである。

つまり、何かをするときには、それぞれ生理的に適した時間帯が存在するのである。

例えば皮膚の細胞分裂は夜に活発になることが分かっているので、朝と夜とで違う化粧品を勧める会社もある。

トレーニングも同様で、1日のうちで最大限の効果を得られる時間帯で行うべきなのである。

時間帯によって効果が異なる

では、1日24時間のなかでいつトレーニングをするのが最も効果的なのだろうか。

これはまだ科学的な裏付けがあるわけではないが、私の経験からすると寝る直前がベストだった。仮に夜の12時に寝るとしたら、11時ごろから始める。

いろいろなパターンを試した結果、この時間帯が最も筋力アップの率が高く、集中することもできた。

どうして集中できるかというと、1日にやるべきことが全部終わっているので、あとは寝るだけだからだ。人によっては、もうトレーニングに回すエネルギーが余っていないから朝のほうがいいと言う人もいるが、肉体労働ではない一般のビジネスパーソンであれば、夜でも十分できると思う。

もっとも自宅にトレーニングマシンが揃っているならともかく、深夜に営業しているジムを探すのは難しい。また飲みに行ってしまうと、その後はもうできない。そういったことを考えると、もう少し前、夕方の6時から8時くらいまでの間でもいいだろう。ちなみにこの時間帯はフォービッドン・ゾーンと呼ばれ、生物学的にも非常に眠気が弱くなる時間帯であることが分かっている。まさにトレーニングするにはうってつけの時間帯である。

逆に私がお勧めしないタイミングは、昼の2時から5時くらいまでだ。なぜなら、昼食後のこの時間は誰だって眠い。眠いときに無理やり体を起こしてトレーニングしても、自然の摂理に逆行しているので、密度の高いトレーニングができるとは思えない。

また起きぬけすぐ、朝食前の時間もお勧めできない。朝の6時から8時くらいは、男性であれば、男性ホルモンの分泌が高まる時間帯だそうだ。それを考えるとトレーニングによさそうだが、この時間は目が覚めてからすぐなので、血圧が低い。それに眠っている間は絶食状態だから、エネルギー物質も不足している。そのような状態でトレーニングをすると、かえって筋肉の分解が早まってしまうおそれがある。

このようにトレーニングは、1日のなかでも、いつやるかで効果が違う。

だから、できるだけトレーニング効果が大きい時間にやるのがベストなのだが、人それぞれ、事情はいろいろだろう。たとえば夜間に仕事をしている人に、深夜のトレーニングをと言っても、無理な話だ。だからともかく、自分のやりやすい時間を見つけて、それを生活パターンの中にしっかりと組み込むことが大切だ。

そしてトレーニングをする時間は、毎回同じほうがいい。月曜日は夜で、水曜日が朝にやるというのではなく、月曜が夜なら水曜も夜というように、なるべく一定の時間でやったほうがいいと思う。

そのためには、当然、生活リズムを整えなければならない。仕事の都合で、たとえ昼夜逆転してもいいから、規則正しい生活を心がけるべきだ。

痩せたかったら朝食前に運動する

体がエネルギー不足の状態にある早朝は、筋トレには向かないと述べた。

しかし逆に痩せるのが目的なら、この時間帯に運動するのが効果的だ。

もともと朝は、血糖値が低く、エネルギー源として血液中の遊離脂肪酸が消費されやすい。

この状態で、さらにまた脂肪酸を消費する有酸素運動をすると、体はエネルギー源として蓄えられた体脂肪を積極的に使い始める。これによって体脂肪率が減少する。

だから、私はウェイトロスをしたい人には、

「朝、軽くアミノ酸とお水を飲んで、それからジョギングしてもいいですよ」

という指導をしている。

筋肉をつける食事、痩せるための食事

このように、自分が重点的に行う運動が筋肉をつけるためのトレーニングなのか、それとも体重を落とすための有酸素運動なのかによって、食事の仕方はまったく違ってくる。

ごく単純に言えば、筋トレは、肉体を大きくしなければいけないから、量を食べなければいけない。

有酸素運動で体重を落とすときは、筋肉を破壊しない程度に、食べる量をギリギリまで削っていかなければならない。

筋肉をつけ、体脂肪率を減らすためには、この2つの相反する条件をクリアしないといけないため、運動量と食事の微妙なサジ加減が必要になる。しかもそれには個人差がある。経験豊富なパーソナルトレーナーでも指導を始めたばかりの時点では分からないので、最初の1カ月くらいは様子を見ながら、「この人に適しているのは、こういう運動と、こういう食事」というようにプログラムを組んでいく。

したがって、もし自分自身で結果の出せる、食事と運動のよいバランスが見つけられれば、別にトレーナーにつく必要はないと言ってもいいくらいだ。

筋トレ前には必ず炭水化物を

独学でトレーニングを始める場合には、食事について、以下のことを覚えておいてほしい。

まず、筋肉をつくる目的でトレーニングする場合、トレーニング前にはごはんやパンなどの炭水化物を食べて、エネルギー源を補給しておくことだ。空腹でトレーニングをすると集中力が低下するし、場合によっては筋肉の分解がかえって早まってしまう。

食事をして5時間も6時間もたったところでトレーニングをするのは、時間が空きすぎだ。トレーニングの前にはアミノ酸を摂るとよいとよく言われるが、それだけでは筋肉の分解を抑えられない。

理想的にはトレーニングの1時間前まで、遅くとも30分くらい前までに、平均的な体格の男性なら、おにぎり1個くらいは食べたほうがいい。

そしてトレーニングの時間を通して、500ミリリットル以上は水分を摂るべきだ。できればプロテインも摂ったほうがいい。

トレーニングが終わった後にはやはりアミノ酸を摂る必要がある。これは総合アミノ酸がいいと思う。

また、筋トレをしている人は通常よりも多くのたんぱく質が必要であり、それにともなってビタミンやミネラルなども多めに摂らなければならない。

トレーニングを習慣的に行っている人の場合、1日に、体重1キロあたり、たんぱく質は2

グラム必要だといわれている。体重が70キロだとしたら、1日に140グラムだ。

鶏肉には100グラムあたり20グラム程度のたんぱく質が含まれているので、鶏肉だけ食べるとしたら、1日に700グラムも食べなければいけない。

しかもたんぱく質は1回に吸収される量が限られているので（諸説あるが食事1回あたりの吸収量は20〜40グラム程度と言われている）、複数回に分けて食べる必要がある。

しかし、現実的には食事をそこまでこまめに摂ることはできない。

そこで、プロテインのサプリメントを活用する必要がある。

いまは非常に多くの種類のプロテイン・サプリメントが簡単に手に入るが、サプリメント選びで一番重要なのは、味や価格ではなく、素材である。安いもののなかには、石油系の原料が使われているものもあるので、注意が必要だ。

なお、たんぱく質は消化に時間がかかり、胃への負担が大きい。そこで、ふだんの食事でたんぱく質を増量した場合は、食物繊維や醗酵《はっこう》食品などを積極的にとらないと、腸内環境が悪化するおそれがあるので、この点も気をつけてほしい。

有酸素運動の前後は「食べない」が基本

有酸素運動の場合、脂肪酸が血液中に少ないときをねらって行うと効果的で、始める前には食べないほうがいい。

ただし、どんな種類の運動であっても、運動は少なからず筋肉を破壊する。なので、それを最小限に抑えるために、トレーニング前にアミノ酸と水分だけは摂っておくべきだ。アミノ酸は脂肪になりにくいため、多少多めに摂ってもそれほど太らず、筋肉の分解を最小限に抑えることができる。

さらに有酸素運動では汗が多く出ていくので、水分もしっかり補給する必要がある。

また運動を終えた後は、すぐには食べず、ストレッチングなどをしながら、食事までに最低でも30分くらいは空けたほうがいい。運動直後はエネルギーが枯渇した状態なので、そこで食事をすると、必要以上に吸収が高まってしまう。1時間走った、じゃあおなかが空いたからスパゲティでも食べよう、などというのは、最も太るパターンだ。

どうしてもおなかが空いて我慢できないときは、いきなり固形食ではなくて、プロテインパウダーのような胃にやさしいものがお勧めだ。そうしたら最低限必要なエネルギーだけを補うことができる。

痩せたかったら4時間おきに食べる

トレーニングからは話がそれるが、摂取するカロリーの総量を減らさなくても痩せる食べ方がある。それは食事の回数を増やし、できるだけ小分けにして食べることだ。

一回に食べる量を少なくすると、多量に食べる場合に比べてインスリンの分泌量が減る。インスリンは、脂肪を体内に蓄える働きに関与する物質である。インスリンの分泌を抑えると、糖質の吸収が穏やかになり、脂肪として蓄積されにくい。だから全体では同じ量でも、回数を分けて食べるほうが太りにくいのだ。

逆にドカ食いすると、インスリンの量が一気に増えるので、糖質吸収の入り口が広がり、脂肪が蓄積されやすい。相撲取りはそれをねらって、1日2回、まとめてドカッと食うことで、体を大きくしている。

理想を言えば8回くらいに分けたほうがいいのだが、現実は仕事があったりして、なかなかそうもいかない。

だから私がお勧めするのは、だいたい4時間おきくらいに食事をすることだ。たとえば朝8時に朝飯を食べたら、次は昼の12時、次は夕方の16時、その次は20時に食事をする。4時間おきくらいに食事をすると、だいたい1日4食になる。

食べ方のバランスを変えれば痩せられる

最初は食事を4回に分けるだけで体重が落ちていくが、残念ながら、それに体が適応してしまうと、効果が出にくくなる。

そうしたら今度は、やはり総カロリー量は変えずに、摂取するたんぱく質、脂肪、炭水化物の割合を変えていく。

これにはアメリカで非常に流行したアトキンスダイエットと、4：3：3ダイエットが参考になる。アトキンスダイエットは摂取カロリー中の炭水化物を減らす方法、4：3：3ダイエットは炭水化物：たんぱく質：脂質の割合を4：3：3に設定する方法である。

いずれの方法も、炭水化物の過剰摂取による体脂肪の蓄積を抑えることを目的としている。ただし、この段階でも総摂取カロリーを抑えすぎてはいけない。

具体的な方法については、マニュアル本が多数出版されているので、そちらを参照してほしい。

そこまで本格的なダイエットは無理という人であっても、「どちらかというとたんぱく質多め」くらいの感覚的なレベルでの食事調整をお勧めする。効果的にバランスを変えられれば、体重は落ちていくものなのである。

また、食品の「グリセミック・インデックス（GI）」をコントロールするのもよい。GI値というのは、その食品を食べたあとの血中糖度の上がりやすさを表す数値である。同じ炭水化物でも、GI値が低いほど、食後の血糖値が上がりにくく、インスリンの分泌が抑えられるので、太りにくいといわれている。

たとえば白米よりも玄米のほうが、また精製した小麦粉より全粒粉のほうがGI値が低いので、白米を玄米に、白い食パンを全粒粉のパンに変えれば、痩せやすくなる。

それでも目標とする体重に到達しなかったら、ここでやっと摂取する総カロリーに手をつける。ふだん1日2000キロカロリー摂っている人だったら、1800キロカロリーぐらいに減らしていくのだ。

いずれにせよ、重要なのは、「全部一度に変える」のでなく、「一つひとつ変える」ことだ。減量も、トレーニングと同じで、すぐに効果が出るわけではない。いくつかのパターンを試し、その効果を検証し、自分に適したパターンを見つけて、それを一定期間続けていかなければならない。

さらにその際には、「意識性」の原則のところで述べたように、「いま自分がやっているこの方法にはこのような効果がある」と意識することが大事だ。

そのようにして食生活をコントロールする習慣を身につければ、食欲を無理やり抑えつける苦しみを味わうこともない。そして体重が減るだけでなく、セルフコントロールができるようになるという、オマケもついてくる。

しっかり寝ないと筋肉はつかない

食事と並んでトレーニング効果を左右するのが睡眠だ。

「寝る子は育つ」という諺《ことわざ》どおり、トレーニングを始めたら、睡眠を長めにとる必要がある。ハードなトレーニングを長年やっている人は、睡眠の重要性をよく分かっている。

統計的には睡眠7時間ぐらいが疾患にかかる率が一番低いと言われているが、トレーニングをしている人はそれ以上眠らないと、その日の疲れがとれない。

私の経験から言って、トレーニングをしている人は1日8時間くらい寝るのが理想だ。

私も一時期無理をして、6時間睡眠だったらどうだろうと試してみたが、昼間へロへロになってしまった。7時間でも少し足りない。いろいろなボディビルダーやスポーツ選手と話すと、ほとんどの人が、平均8時間は寝ている。

よくトレーニングを始めたばかりの人が、「トレーニングをした次の日は使いものにならない」という。これはトレーニングそのものの負荷が大きいからというより、その後の睡眠不足によるものが大きい。

たとえば夕方から夜にかけてトレーニングをし、気分が高揚すると、「今日は、汗をかいたことだし、これからいっちょう飲みにいくか」というような感じになる。アルコールが入るとさらにハイテンションになり、つい帰りが遅くなる。次の日はまた仕事があるから、必然的に睡眠時間が減る。

トレーニングによって傷ついた筋肉は、本来ならば睡眠中に修復されるべきところ、それが十分にできないため、翌日はすっかり疲労困憊《こんぱい》してしまうのだ。

逆にいえば、仕事がハードで睡眠時間があまりとれそうにもないのであれば、トレーニングはソフトにやることだ。とれる睡眠時間に応じて、そのなかで回復できるぐらいのトレーニングをするほうがいい。

睡眠にはゴールデンタイムがある

睡眠は時間量だけでなく時間帯も重要だ。

一般的に日本人は夜の11時〜12時と2時〜3時に成長ホルモンが最も多く分泌されると言われている。成長ホルモンは、傷ついた筋肉を修復し、疲労を回復させるのに使われる。だからこの時間に寝ていないと、成長ホルモンの分泌が阻害されて、疲労が回復されないまま蓄積されていくことになる。

この2つのゴールデンタイムの両方をカバーして寝られるのがベストだが、それが無理なら、どちらか1回の時間帯に寝ていればいいと言われている。また、成長ホルモンは寝てから30分ぐらいで分泌されるため、ゴールデンタイムの1時間前にはベッドに入ったほうがいい。

また、寝る前3時間以内の炭水化物の摂取は成長ホルモンの分泌を妨げると言われているので、その点も注意が必要だ。

「トレーニング的昼寝」の勧め

もうひとつ、睡眠に関して私が実践しているのは、毎回、食事の後に必ずちょっと寝ることだ。

これを私は「トレーニング的昼寝」と呼んでいる。なぜなら食事とは内臓の筋トレにほかならないからだ。

内臓も実は全部、筋肉でできている。手足と大きく異なるのは、内臓の筋肉は、動きを自分の意志の力でコントロールできない点だ。

たとえば胃腸の筋肉は食べることによって勝手に活動する。食べ物を消化したり吸収しているときの胃腸は、バーベルを持ち上げているときの、骨格筋と同じ状態なのだ。だから筋トレの後に休養が必要なように、食事の後にも少し休息を与えてあげないと、内臓が疲れてしまう。

食事の後に眠くなるのは、胃腸に血液が集まって脳の血流が悪くなるからだと言われているが、これは、言い換えれば、脳からの「休め」というサインである。

たとえば1時間の昼休みがあるのであれば、30分で食事を済ませて、残り30分は昼寝をするのがいい。仕事的に難しい人もいると思うのだが、たった5分、目をつぶるだけでも内臓の疲労度は格段に違ってくるので、ぜひ実践してみてほしい。

ちなみに私は1日5、6食摂るが、食後はだいたい寝る。スケジュール的に寝る時間をとれないのであれば、食事を抜いてしまう。

たとえばレッスンとレッスンの間が5分もないというとき、ガバッと食べて、そのままレッスンに行くと、レッスン中盤くらいから眠くなってくる。そうすると集中力が低下してレッスンの質も下がるし、胃腸への負担も大きい。

だったら無理に食べないで、軽くプロテインか何かを飲んで胃腸をあまり働かせないほうが、心身のコンディション維持のためには都合がいいのだ。

第7章 フィットネスクラブ、トレーナーはどう選ぶ？

最優先で検討するのは「通いやすさ」

トレーニングを始めるとき、まず考えるのは、フィットネスクラブへの入会だろう。フィットネスクラブを選ぶときに、まず重要なのは、自宅か会社から近い場所を選ぶということだ。トレーニングは続けなければ効果が出ないし、いったん効果が上がっても、それを持続させるためには、続けることが必須条件だ。どんなに立派なフィットネスクラブであっても、通えなければ意味がない。

通いやすさをクリアしたら、次に優先すべき事項は、トレーニングの指導をしっかり受けられるかどうかだ。フィットネスクラブに入ったものの、マシンの使い方やメニューの組み方など、トレーニングのやり方が分からないのでは意味がない。気軽に相談できる専門スタッフが揃っているかどうかは重要なポイントだ。

最近はどのフィットネスクラブでもパーソナルトレーナーが増えてきたことで、トレーニング方法について、個別の指導を受けやすくなってきた。もっともトレーナー選びを間違うと、かなり時間を無駄にしてしまう。トレーナーの選び方については後述したい。

そして意外に思われるかもしれないが、施設の新しさや豪華さは、重要なポイントではなく、優先度は低い。「最新のマシンを完備」などという宣伝文句を見ると、つい目を奪われがちだが、施設が新しく豪華だからといって体が変わるわけではない。10年前といまとで、マシンの基本性能にそれほど差はない。

それにどんなに新しくてきれいな施設もいずれ色あせる。施設の新しさや贅沢さに惹かれて入会してしまうと、その後、施設の老朽化ばかりが気になり、それがクレームの種となって、結局そのフィットネスクラブが嫌になってしまうパターンが多い。

施設に関することでチェックすべきは、マシンの手入れや、施設の掃除が行き届いているかどうかである。たとえ施設やマシンが古くても、手入れや掃除が行き届いているフィットネスクラブは、概してレベルが高い。逆にどんなに豪華な施設でも掃除や手入れが不十分であれば、運営に問題がある、つまり効果的な指導を受けられるかどうか怪しいと考えてよい。

・通えるか
・目的に合った効果的指導は受けられるか
・施設の手入れ、清掃状況はどうか

の順番で検討するとよい。

多様化するフィットネスクラブ

2007年の資料によると、フィットネスクラブの数は増加傾向にある。

最近の特徴は、小規模フィットネスクラブの増加だ。

プールもシャワーもない。広さはちょっとしたビルのワンフロア程度。大規模な設備投資は不要で、１０００万円ぐらいで開業できるらしい。

マシンが円形に並んでいて、やってきたお客さんが順番に回っていく。一定の音楽に合わせてまずは30秒間。終わったら隣で足踏み。それが終わったら移動して次のマシン、という調子でどんどん回して、１セット30分ぐらい。そんな手軽さがうけ、主婦層などに人気があるという。

また郊外には温泉施設との複合型や、インターネットカフェが併設されている施設もできている。

どのフィットネスクラブも生き残りをかけて必死であり、事業形態をどんどん変化させている。

しかし、そんな状況に振り回されることはない。先に述べた「通えるか」「目的に合った効果的指導は受けられるか」「施設の手入れ、清掃状況はどうか」というチェックポイントさえ押さえていれば、見た目の豪華さやオプション施設に惑わされて高い金を払わされることはなくなる。

会費が高いフィットネスクラブは質も高いか？

入会金や会費の高さでも分類できる。

都内には高級クラブといわれるフィットネスクラブがあり、入会時に必要な金額は数十万円から数百万円に上る。こういうところは、大々的な会員募集の宣伝をせず、口コミや紹介で入会するケースが多い。必然的に、特定の層、つまり所得の高い富裕層や有名人が多くなる。

逆に入会金ゼロ、月会費数千円クラスのフィットネスクラブもある。業界ではこちらが多数派であり、多くのビジネスパーソンが利用するのは、このクラスのフィットネスクラブだろう。

では、入会金や月会費の違いによるトレーニング内容の違いはあるのだろうか。

私はないと考えている。それはズバリ、入会金や月会費がトレーナーやインストラクターにあまり還元されていないからである。フィットネス業界で働いたことのある人には納得してもらえると思うが、トレーナーにしてもインストラクターにしても、とにかく給与、報酬が安い。

これはいわゆる高級クラブであっても変わらない。

では高い入会金や会費は何に使われているのか。

私は以前、あるコンサルタントに、

「会費が高いフィットネスクラブと、そうでないクラブの違いって、どこにあるんですか？」

と質問したことがある。

するとそのコンサルタントは、

「ロッカーとロッカーの間隔だよ」

と即答した。

安いフィットネスクラブではロッカーそのものが小さいから、人とぶつかりそうになりながら着替えなければならない。そういうところは、当然ロッカーだけではなく、シャワールームも狭く数が少ないから、シャワーの順番待ちをしたりしなければならない。

一方高級フィットネスクラブでは、着替えのスペースがゆったりしているし、シャワーの順番待ちをすることもない。タオルも無料で何枚も使えたりする。

つまり高いか安いかは、設備としての「箱」の問題であって、レッスン内容や、マシンの質とはまったく関係ない。

逆に、トレーナーの質は、高級フィットネスクラブのほうが低い場合すらある。

なぜなら、宣伝しなくても会員が集まるようなステイタス優先の高級フィットネスクラブは、スタッフが伝統にあぐらをかいてしまうからだ。お客さんの顔ぶれがほとんど変わらないので、同じことの繰り返しで、スタッフのプロ意識が低下しやすい。またそういうフィットネスクラブは、全員が社員スタッフで外部をまったく入れないところが多い。そうすると競争意識に乏しく、新しい理論もなかなか入ってこないから、レッスン内容のレベルが低い。

グループレッスンであれ、個人レッスンであれ、レッスンの質重視でフィットネスクラブを選ぶなら、やはりフリーのトレーナーが盛り上げているようなところがいいと思う。

フリーのトレーナーがいるフィットネスクラブは、お客さんに支持されて人気が上がれば、そのトレーナーの収入が上がるという、成果主義のシステムをとっているところがほとんどだ。

だから、フリーのトレーナーは、「こうすればトレーニング効果が高いのではないか」「こうすれば楽しんでトレーニングを続けてもらえるのではないか」とお客さんのことを本当によく考えている。

そういう考えのトレーナーを大事にしているところは、結果的に、お客さんも大事にしているといえる。

マシンは新しいほうがいいのか？

先にも述べたように、フィットネスクラブを選ぶとき、どうしても施設やマシンが新しいところに目が行きがちだ。「最新マシンを揃えています」ということを売り物にしているところも多い。

最新のマシンは、人間工学に基づいて、使いやすく設計されていると言われる。だが、使いにくいマシンを使った経験がなければ、使いやすさは判断できない。ほとんどの一般ユーザーには、最新のマシンだから使いやすいかどうかなど、分からないのである。

そんなことよりも教えてくれる人がきちんとしていれば、少々の使いにくさの差は容易に埋められる。

人間心理としては、最新のマシンだったら効果も大きいだろうと思い込んでしまうが、マシンが新しいか古いかは、トレーニング効果とはほとんど関係ない。新しいマシンはいろいろと改良されているが、改良するといっても、ボタンが押しやすいとか、重りを換えやすいなど、おまけの部分が変わるだけで、本質とは直接関係ないことが多い。重いものを持ち上げることで鍛えるという筋トレの原理自体は、変わりようがないからだ。

私は以前、創業30年以上の、都内でも2番目ぐらいに古いフィットネスクラブで働いていたことがある。そこは古いのだが、掃除もしっかりしていたし、マシンに問題があったら即座に修理をしていた。

マシンが多少古くても、清掃や点検などのメンテナンスがしっかりされていれば、安心してトレーニングができる。マシンの見かけの新しさより、そのことの方がよほど重要だ。

また、いくら最新機種が揃っているといっても、ボディビルディングを本格的にやりたい人が、軽いダンベルしかないジムに行ってもしょうがない。

私はよく「ジムの総重量」というのだが、筋トレをメインでやるためにフィットネスクラブに入るのであれば、マシンの重りやバーベルの重りを合計すると何トンになるのかを、事前に確認したほうがいいだろう。そのトン数が多いほど、様々な目的を持つ会員に幅広く対応できるといえる。

バーベルが何個あるかなどということはフロントで聞いても分からないと思うが、トレーナーに聞けば教えてくれるはずだ。細かいトン数まですぐに分からなくても、「胸筋を鍛えるマシンが5種類ある」などの答え方はできるはずだ。もし聞いてみて答えられなかったら、そのフィットネスクラブのトレーナーのレベルは大したことないと判断していい。

トラブル対応がちゃんとできるか?

フィットネスクラブでは、お客さん同士のトラブルがけっこう多い。そういったとき、対応がしっかりできるかどうかは、フィットネスクラブ選びの判断材料になる。

たとえば狭いジムのなかで体を動かしているときに、近くにいる人にぶつかってしまった。そんなときは、スタッフがサッと行って、「狭くて申し訳ございません」とひとこと謝ったら済むが、それができないと、こじれて大ごとになってしまう。

さらには、トレーニングには、どうしてもケガがつきものなので、そのときの対応も大事だ。たとえば痛めた患部を冷やすための氷がすぐに出てくるか。スタッフが「足を上げて横になってください」というように、医学的に正しい処置をとれるかどうか。

横になってもらうにしても、その辺の床の上で横にするのではなく、人から見えないところへ誘導できるかなど、そういった対応がしっかりできているかどうかは、非常に重要なポイントだ。

もっともこれは、実際にトラブルやケガを経験してみないと分かりにくく、たんに見学したぐらいでは、判断しづらいかもしれない。危機管理体制ができているかどうか、分かりやすいチェックポイントとしては、「AED（自動体外式除細動器）」が設置されているかという点がある。これは心臓に電気ショックを与える救命具で、最近はあちこちでよく見かけるようになった。

さらに言えば、ただ設置しているだけでなく、使い方の講習を受けているかどうかもチェックしてほしい。ちゃんとしたフィットネスクラブは、スタッフ紹介の写真の下に、その講習を受けていることを明示している。

安全に対する意識は、施設内のちょっとした表示を見ても分かる。

「この部分は段差があるので、ご注意ください」

といった張り紙は、その施設の、安全に対する意識の高さを判断する一つの材料になる。

逆に、マシンの下に敷いてある絨毯《じゅうたん》の端がめくれたまま放置されているような施設は、ちょっと問題かもしれない。利用者がつま先をひっかけて転倒することを予見できていないからだ。

さらに、これも実際に通い始めないと分からないことだが、たとえばマシンを使っていて、機械の調子が悪いように感じられたので、それをスタッフに言うとする。たぶんスタッフはその場では、「本当だ、次回までになんとかしておきますね」などと言うだろう。

ところが次回来たとき、それが直っていなかったら、もしくは「故障中」の張り紙がされていなかったら、それは安全管理のズボラなフィットネスクラブである。

また、スタジオの床が滑りやすいとする。確かにスタジオの床を張替えるのは時間もお金もかかるので、すぐにできることではない。しかしそれなら、スタジオの入り口に、靴を拭《ふ》くマットを設置するとかすればいい。

そういった努力が見られないところは、もう自分の中でダメ出ししていいと思う。些細なことかもしれないが、一事が万事である。

「入会金と2カ月分の会費を払ったのに、もったいない」

と思うかもしれないが、安全管理ができていることは、トレーニングの大前提だ。トレーニングはそれ自体が、我慢や努力を強《し》いられる行為だ。安全管理やサービスなどで、余計な我慢を強いられたり、余計な神経を遣わされるようなフィットネスクラブは、トレーニングの妨げになるだけだ。

パーソナルトレーナーの費用対効果

フィットネスクラブ選びの次に、パーソナルトレーナーの選び方についてアドバイスしたい。

本書の冒頭でも述べたように、パーソナルトレーナーとは、マンツーマンでトレーニング指導をするトレーナーのことだ。

読者のなかには、パーソナルトレーナーをつけるかどうか迷っている人も少なくないだろう。はっきり言って、パーソナルトレーナーに頼むのにはお金がかかる。標準的な単価は60分で7000円ぐらい。もちろんもっと高い場合もある。私のクライアントも、以前は、経営者や資産家、医者や弁護士など、いわゆる富裕層といわれる人がほとんどだった。

しかし最近は、会社勤めのビジネスパーソンにも、パーソナルトレーナーをつける人がとても増えている。

パーソナルトレーナーをつけるメリットの一つは、目標達成の方法が明確になることにある。たとえば頭痛や腹痛、湿疹などちょっとした体のトラブルがあると、すぐには医者にかからず、市販薬を適当に飲んで済ませることが多いだろう。それですぐに治まればいいが、あれこれ薬を替えてもなかなか症状が改善せず、治るまでに時間がかかってしまうということがよくある。

しかし、医師の診察を受け、原因となっている疾患にピンポイントで効く薬を処方してもらえれば、症状は短期間で治まる。

トレーニングも同じで、雑誌や本で紹介されているトレーニングメニューはあくまで最大公約数的なものであって、それによりどのような効果が上がるかは、きわめて個人差が大きい。そのため、一つひとつ自分に合ったやり方を探していくという作業が、どうしても必要になる。

その点、トレーナーは、専門的知識と、過去の成功例・失敗例をデータベースとして持っているから、その人にどんなメニューが合いそうか、「あたり」を早くつけることができる。その分、試行錯誤に費やす時間を減らすことができるのだ。

パーソナルトレーナーは継続のための「仕組み」

トレーナーをつければ目標達成の方法が明確になると述べた。しかしそれは決して「短期間で効果が上がるわけではない」ことを、強く言っておきたい。

むしろ、短期間で効果が上がらないからこそ、トレーナーをつける意味があるのだ。

これまで何度も述べてきたように、トレーニングは、何年も長く続けることでやっと結果が出る。その間、自分ひとりの力でモチベーションを維持しつづけるのは、なかなか難しい。

その点、フィジカルチェックやメニューの見直しなど専門家としてのアドバイスをしてくれるだけでなく、ほめたり、やる気を促したり、スランプの原因を一緒に探ってくれるコーチ的存在がいれば、挫折の壁を乗り越えやすい。

もっと端的に言えば、トレーナーからは、「○月○日○時～」というようにアポイントを入れて指導を受けるわけだから、その時間には何があってもジムに来なければならない。パーソナルトレーナーにはそれだけでも存在意義がある。

私のクライアントには、仕事上、とてもハードなスケジュールをこなしている人が少なくない。普通だったら、「忙しいから、時間ができたときに、ジムに行こう」と考えがちなところを、彼らは「忙しいからこそ、あえてアポイントを入れる」という考え方をする。トレーナーの専門的指導に対してと同じくらい、「アポイントを入れて強制的にジムにくる契機をつくること」に対して、お金を払っていると言ってもいいほどだ。

最近、ビジネスの世界では、「仕組み化」ということがよく言われる。

継続的に高い成果を上げていくためには、個々人の努力や意志の強さといった、不確定な精神論に頼るのではなく、誰が、いつ、何回やっても同じ成果が出る「仕組み」をつくる必要があるという考え方だ。

「仕組み」をつくるには、当然お金も時間もかかるが、これは、のちのち長期的なリターンを得るための先行投資である。

私のクライアントで、日本ファイナンシャルアカデミーほか5社を経営する泉正人さんも、著書『最少の時間と労力で最大の成果を出す「仕組み」仕事術』のなかで、パーソナルトレーナーと契約することで、トレーニングを続けるための「仕組み」をつくったと述べている。冒頭でも述べたように、いまや、鍛え上げられた筋肉は、強力なビジネススキルだ。それより、心身の状態を常にベストに保つことができ、仕事の生産性が向上し、さらには年収アップというリターンを得ることができる。

そう考えると、たとえ1回のレッスンが1万円であっても、パーソナルトレーナーへの投資は、決して高い投資とは言えないのではないだろうか。

フリーランスか内部スタッフか?

パーソナルトレーナーは、いま需要がとても増えていて、その数も急増している。ニーズに応えて、フィットネスクラブはどんどんトレーナーを雇っている。しかし、なかにはきちんとトレーニングをしたことのない人や、太っている人など、トレーナーとしての資質が疑われるような人まで、パーソナルトレーナーとして活動している。そこでトレーナーの選び方について、私なりのアドバイスをしたいと思う。

トレーナーがフィットネスクラブと契約する場合、だいたいはフリーランスかアルバイトかのどちらかである。フリーランスの場合は、固定給はなく、完全出来高制で、売り上げの20

〜30％を営業権費としてフィットネスクラブに支払う。アルバイトの場合は、内部スタッフとして契約し、売り上げではなく、時給で仕事をする。

この契約の仕方は、トレーナーを選ぶ際の一つのポイントとなる。

フリーランスのトレーナーは出来高で報酬が決まるので、仕事へのモチベーションが高く、自分を高め、クライアントに支持されるように努力する傾向にある。反対に、時給で働くトレーナーの場合、何をやっても報酬は変わりようがないので、努力度が低い傾向にある。

全員が全員そうとは言えないが、トレーナーの指導力をチェックしたいと思ったら、なぜフリーランスなのか、なぜバイトなのかを聞いてみるのは一つの方法だ。

トレーナーの資格から分かること

トレーナーは幅広い知識が求められる職業だが、国家資格はない。代わりにスポーツ関連各団体の認定資格がいくつか存在する。その団体が定める所定の講座を受けたり、試験を受けて合格したりすれば認定される。

トレーニング先進国アメリカの代表的団体としては、ＡＣＳＭ（American College of Sports Medicine）があげられる。スポーツ医科学の分野ではアメリカで一番大きな団体である。ここではＨＦＩ（ヘルス・フィットネス・インストラクター）という資格を出している。

科学、教育、医学、運動の専門家など、全世界に2万人以上の会員がいるといわれている。

ACSMでは、インストラクター育成のほかにも、「心臓の悪い人がトレーニングするときは、これぐらいの運動なら大丈夫」といった各種指標を発表しており、ほかの団体でも、ここが出す指標を活用しているところは多い。

NSCA（The National Strength and Conditioning Association）という団体もある。ここは、名称に「ストレングス」と入っていることから分かるように、スポーツ選手が強くなることをサポートするのに熱心だ。ここでもCPTという認定資格がある。

日本では、日本体育協会や健康・体力づくり事業財団などの認定資格がある。

日本体育協会の認定する「アスレティックトレーナー」という資格では、多岐にわたる知識を要求される。それだけでなく、経験も実績も必要とされている。試験科目にテーピング実技などがあることから、個人的には、アスリートの強化よりは、人の体のケアに重点をおいた資格という印象を受ける。

最近、日本に上陸したNESTA（National Exercise & Sports Trainers Association）という団体もある。PFT（パーソナル・フィットネス・トレーナー）という資格を出しているが、カリキュラムがしっかりしていて、現場のことがよく分かっており、魅力的な組織だ。

それぞれに特色があり、どの団体がいいか悪いかではない。そのトレーナーがどの団体に属するかは、そのトレーナーが何を強みとするのかの、一つの判断材料になる。

資格は能力を保証しない

どの団体の資格も、専門知識と実務経験の両方を重視しているようだが、多くの資格は、実務経験がなくてもとれてしまう。そもそもトレーナーの資格は、働くために必要な前提条件のようなもので、実務経験はその後、積んでいくものと見なされているようだ。だから、机上の勉強と実習をクリアすれば、トレーナーの資格をとるのは決して難しくない。

あくまで私の個人的意見だが、いまある資格は、決してトレーナーの能力を保証するものではない。ものすごく優秀なトレーナーでも資格を持っていない人がいるし、資格を持っていなければ仕事がやりにくいというだけの理由で、簡単にとれる資格をとっておくというトレーナーがいるのも事実なのだ。

私は某団体の資格を持っていたが、現在はフィットネスクラブでの指導をしてないので、持っている必要がなく脱退してしまった。

口コミ、紹介は重要な判断材料

資格以上に役に立つ判断材料は、誰かの紹介や、口コミ、フィットネスクラブ内での評判だ。

「あのトレーナー、すごくいいんだよ」

という人がいて、言っている本人自身の体も、以前に比べてすごく変わったというようなときは、優秀なトレーナーである可能性が大だ。

またそのトレーナーが指導しているところを見かけることもあるだろう。指導中に周囲に気を遣える、挨拶はできているかなどは、トレーナーの人柄を知るうえで、大変重要である。

体を見ればレベルはすぐ分かる

実は、トレーナーのレベルや心構えを知る、簡単な方法がある。その人の体や見た目を見ればいいのだ。

先にも述べたように、ここ数年でトレーナー需要が高まり、急激にトレーナーの数が増えた。そのため、レベルの低いトレーナーも増えている。指導力の有無を問う以前の、問題トレーナーも少なくない。私が知っている実例をいくつかあげてみよう。

・メタボトレーナー（一般人よりも体型が崩れている）
・クライアントより体力がない
・酒臭い、タバコくさい
・顔色がよくない

・体臭や口臭がきつい
・爪が伸びている
・服装や髪型に不潔感がある

ちゃんとトレーニングをしている人は、体から自分を律している雰囲気を漂わせているからすぐ分かる。もし自分のトレーナーがこの例に当てはまるなら、大至急チェンジすることをお勧めする。

話し方がしっかりしているか?

トレーナーはある意味、サービス業である。話し方や態度がしっかりしていることは最低条件だ。たとえ年齢が近くても、最初から友だち感覚で接してくる人はあまりよくない。仲よくなればまたそれは別の話だが、まずはお客様として、きちんとした接し方ができる人を選んだほうがいい。

まずはトライアルから

さて、頼みたいトレーナーが決まったとする。でも、すぐに契約することはお勧めしない。まずは、一度トライアルをしてみて、トレーニング計画を説明してもらい、それで納得できれば契約すればいい。トレーニング初心者やジム初心者はユニフォームを着ている人をみると、それだけでプロと思い込んでしまいがちである。焦らず遠慮せず、何人かトライアルしてみるとよい。

契約内容は文書ではっきりと

私は新しいクライアントとの契約に際しては、利用細目や、覚え書きの文書をまとめて説明している。内容は

「トレーニングをすることに医者からＯＫが出ていますか」
「トレーニング中に体を触ることがありますが、ご了承いただけますか」
「トレーニングというのは、絶対的な効果を約束したものではありません」
「注意を守らないとケガをすることがあります」
「キャンセル料は〇〇円です」

など、こまごまとしたことだ。

これは家電製品の説明書や保証書のようなものだが、意外にこの部分を明確にしていないトレーナーが多い。契約内容がはっきりしていなければ、安心してトレーニングに集中することもできない。トレーナーとの契約においては、契約内容を文書ではっきり示してもらうことが

不可欠だ。

トレーナーは替えていい

とくにこれといったトラブルがなくても、少しマンネリ化してきたとか、他にもいいトレーナーがいるかもしれないからチェンジしたい、と思うこともあるだろう。

そういった場合に備えて、契約時に、「何カ月間契約する」という期間設定をしておくとよい。たとえば、半年はずっと指導を受けるが、それを過ぎてからも契約を継続するかどうかは再度検討するというようにしておくのだ。

「替えることを前提で契約をするわけではないが、場合によっては替えるかもしれない」

ということとは、ちゃんと明示しておくべきである。

いまのトレーナーよりサービスがよくて、料金も安いトレーナーが見つかったら、その人の指導を受けたいと思うのは当然のことだ。

最初にそれを意思表示していなかったばかりに、なかなか希望を言い出せずにトレーニングを続けていては、身が入らず、上がるべき効果も上がらなくなる。

契約の期限を切ることは、決して失礼なことではない。そのようなクライアントが増えることで、トレーナー間にも競争原理が働き、トレーナーの質の向上につながるのだ。

一匹狼のトレーナーはだめ

トレーナーの見分け方という点で最後に追加しておくと、一匹狼でやっているトレーナーは、あまり信用できない。

これはフリーランスでやっている人のことを言っているのではない。私自身も、フリーランスで働いている。しかし一人で得られる情報など限られているから、トレーナー仲間たちと定期的に勉強会を開いて、常に新しい情報が入ってくる環境をつくっている。

勉強会では、それぞれのメンバーのクライアントについて、複数のトレーナーがディスカッションする。

「こういうクライアントは難しいが、どう思う？」

「私はこうしたほうがいいと思う」

「こういう考え方も、理論もある」

といった議論をして、トレーナーはそこで得たものを、そのクライアントの次回の指導に生かすのだ。一人のトレーナーが見られるクライアントの数には限りがあるから、そうやって情報交換することが、多くの情報を得るための合理的な方法なのである。

しかし一匹狼的トレーナーは、他のトレーナーと意見交換をすることもなく、自分の知識や経験だけで指導をする。それでは指導に偏りが生じてしまうのは明らかだ。

そのトレーナーが勉強会をしているかどうかまで、調べることはできないかもしれない。だが、知識の向上や情報収集に熱心かどうかはちょっとした会話からも分かることなので、トレーナーを選ぶ際の参考にしてほしい。

真剣に選ぶことはクライアントの責任

パーソナルトレーナーは真剣に選ばなければならない。

これまでフィットネスクラブで指導をしてきて、多くの人を見てきたが、ときに「トレーナーなら誰でも同じでしょう」と言う人がいる。

ここまで読んだ方ならもうお分かりだと思うが、決してそんなことはない。どんなトレーナーにつくかによって、トレーニング効果は大きく異なる。自分の時間とお金、何より自分の体を任せる相手なのだ。誰でも同じなどと言わないで、真剣に選んでほしいものである。

そして、トレーナーがクライアントに対して責任を負うのは当然だが、クライアントのほうも、一緒にやろうと決めた以上は、それなりの責任が発生する。

自分の目でこれぞという人を選んだのなら、とことん信頼してついていくこと。これは、そのトレーナーを選んだクライアントの責任なのである。

第8章 できる人のトレーニング

もう一度、目的を明確にする

フィットネスクラブに入ることを決めた。パーソナルトレーナーにつくことも決めたとしたら、すぐにでも着替えて体を動かしたくなるかもしれないが、その前に、やるべき重要なことがある。自分が何のためにトレーニングを行うのか、目的を明確にすることだ。その目的を達成するために、トレーニングは最も有効な手段なのか、と考えてもよい。

もし、自分の現在の関心事が「この1年のうちにがっぽり儲けたい」ということにあるのなら、流行に惑わされてトレーニングなんかする必要はない。目的が「もてる」ことなら、トレーニングをするよりトークを磨くほうがいいかもしれない。

しかし、「会社を継続的に成長させて、稼いでいきたいんだ」「家族と過ごす幸福を大切にして生きたいんだ」ということであれば、トレーニングによって肉体を鍛え、健康を維持することで、その願いをかなえることができる。

ここを面倒くさがって省略してトレーニングを始めても、すぐに、

「なんでこんな辛いことをしなきゃなんないんだ。やーめた」

となってしまうのは、明らかだ。

考えがまとまらなければ紙に書いてみるのもいい。数日かかってもいい。なぜトレーニング

をするのか、徹底的に自問自答してみてほしい。

トレーナーには大いに夢を語るべき

自分なりに目的をみきわめたら、今度はそれをトレーナーに伝える必要がある。自分の人生の方向と、それに向かって努力するつもりであるということを自分でアピールするのだ。

たとえば「家族を大切にしながら生きていきたいから、健康はその大前提なのだ」ということを伝える。そうしたら、「半年で5キロ痩せたいんだ」という目標も、説得力をもって伝わるだろう。

クライアントとの最初のミーティングで何を話すかはトレーナーによって違うと思うが、私は、最初は「できるかどうか」は考慮に入れず、自分がこんなふうになりたいという正直な思いを語ってもらうようにしている。なぜなら、このときの目的の語り方が、クライアントのトレーニングに対する意欲を推し量る手がかりになるからだ。

以前に、

「定年後はスポーツバイクに乗って世界一周したいんだよね」

と話してくれた50代の男性がいた。

人が聞けば一笑に付されてしまうような夢かもしれない。でもそれでいいのだ。

なぜなら、60歳過ぎにバイクで世界一周したいという夢がトレーニングをする糧《かて》となり、やがて生きていく希望となるからである。それが実現するかどうかはこの際関係ない。

初対面に近いトレーナーに、自分をさらけ出すのは抵抗があるかもしれない。しかし、私は、クライアントの夢や価値観を聞いて、トレーニング目的を把握することは、クライアントの年収を知ることなどより、よほど大切なことだと考えている。

トレーナーのほうから質問していくパターンもあるが、それだとトレーナー側が想定する回答のワクに押し込められてしまうおそれがある。その結果、自分の目指す方向と微妙にずれた指導を受けることになり、その些細な違和感がやがて深い溝になってしまわないとも限らない。だからこそ、トレーナーに対しては、笑われたり変なヤツと思われたりすることを恐れずに、自分の夢を大いに語るべきなのである。

目標設定は正確な現状把握から

トレーニングの目的が明確になったら、次に目標を詳細に設定する。

目的と目標は同じような意味で使われることが多いが、私は明確に使い分けている。前にも述べたことだが、ここでもう一度説明しておきたい。

目的とは、「何のためにやるのか」ということ、目標とは「そのために何をなすべきか」ということである。目的を達成するために、何をいつ、どうやってするのかの具体的行動内容が目標である。目的が痩せることであれば、運動と食事、生活リズム、付き合いなどについて、現状の何が問題かを把握し、それに対し何をいつどうすべきかを明確にすることが、目標設定である。

私は以下の順序で目標を設定している。

・現状把握（身体、環境、スケジュール）
・達成期間
・達成数値

トレーニングの目標を設定するときに、意外と抜けやすいのが「現状把握」だ。ビジネスにおいても、たとえば新たな売り上げ目標を設定するにあたっては、現在までの実績はどうなのか、スタッフの頭数と能力はどうなっているのか、取引先にはどのようなところがあり、それぞれとの関係はどうなのかといったことを、まず押さえるだろう。トレーニングの目標設定も、それと同様に考えればいいのである。

最初にすべきなのは身体の現状把握だ。健康状態の改善が目的なら、健康診断の結果をチェックし、どこに問題点があるのかをピックアップする。シェイプアップが目的なら現在の体重や体脂肪率を、体を鍛えるのが目的なら筋量・筋力を把握し、自分の理想イメージとの間にどのぐらいギャップがあるのかを認識するのだ。

身体の現状を把握したら、環境現状の把握だ。食事、睡眠、飲酒などの生活内容に問題はないかを確認する。トレーニングを長続きさせるためには、一度にいろいろなことを変えようとしてはいけないと述べた。だがそれも程度問題で、あまりに不摂生な生活をしているのであれば、トレーニング以前に、まず生活を見直すことからはじめるべきだ。

生活内容はそんなにひどくないということが分かったら、スケジュールの把握に移る。精神的なリフレッシュのためのトレーニングなら、「いつでもいいから空いた時間に」でいいが、筋力アップ、健康状態改善が目的なら、そういうわけにはいかない。

たとえば健康を保つにも、年齢・性別ごとに「週にこれぐらいの運動強度で、週何回以上運動しなさい」という基準がある。その基準を満たせないと、なかなか思ったような効果は出にくい。どうしてもそのやりくりがつかないのであれば、焦ってトレーニングを始めないほうがいい。双六《すごろく》でいえば1コマ戻ることになってしまうが、生活リズムの見直しを先にすべきだ。

病歴、飲んでいる薬は正直に申告する

生活内容に問題なく、スケジュール的にも週2〜3回はできるだろうと分かったら、病気やケガの有無や履歴、飲んでいる薬の有無などもチェックしたい。

よく現場で困るのは、高血圧を隠しているケースだ。トレーニングには、「このような疾患のある人は運動をしてはいけない」という禁忌事項があり、高血圧はそれに該当する。WHOでは上が140㎜hg以上、または下が90㎜hg以上を高血圧と定めている。これに該当すれば、トレーニングには制限が生じるし、たとえば上が190もあれば、当然トレーニングなどしてはいけない。しかし、高血圧は周囲からは分かりにくいので、トレーナーに申告しないクライアントが少なくない。

血圧を下げる薬を飲んでいると、有酸素運動をしても心拍数が上がりにくい。それをトレーナーが知らないと、「あれ？ 心拍数、上がりませんね。それではもっと強度を上げましょう」などということになり、大変危険だ。

また、あるときウェイトロスが目的でトレーニングをはじめた女性がいたのだが、なかなか体重が落ちない。それでいろいろ話を聞いてみたところ、低容量ピルを飲んでいたことが分かった。低容量ピル服用中は、疑似妊娠状態になっているため、体重が落ちにくい場合がある。

こういった病気や薬に関することは、トラブルが起きてからではとりかえしのつかない事態になりやすい。法的問題にもなりかねない。

最近は、フィットネスクラブへの入会時に、運動をしても健康に支障がないかを確認するところが多い。正直に申告するのはもちろんのこと、パーソナルトレーナーをつけない場合でも、心配なことがあったら、スタッフに相談するといい。かかりつけの医師がいるのなら、そのお墨付きをもらってくるのがベストである。

またトレーナーには、過去にスポーツやトレーニングをやったことがあるかどうか、そのときはどんなふうだったかも話してほしい。とくに、効果が出なかったとか、ケガをしたとか、ダイエットをやってリバウンドしてしまったとか、過去の失敗例は、今後のメニューを組むうえで非常に役立つ情報となる。

自分の要求と現実をすり合わせる

現状が把握できたら、次に達成期間と達成数値を決める。これは先の売り上げ目標の例で言えば、いつまでに、どのぐらいの額の売り上げを目指すのかということにあたる。「いつまでに」「体脂肪率を何パーセントにする」「ウェストを何センチまで細くする」といったことだ。

ここで重要なのは、自らの現状をよく知った上で、現実的範囲内の目標を立てることである。よく、極端な目標を自分に課すことを美学とする人がいるが、それはトレーニングにおいては失敗の原因にしかならない。どんなに極端な目標を課しても、人間の体が急激に変化することはありえないからだ。

達成期間は、あくまで仕事や家庭のスケジュールを踏まえて決めることをお勧めする。スポーツアスリートなら話は別だが、ビジネスアスリートが、トレーニングのせいで仕事がおろそかになってしまったら、本末転倒である。家庭生活についても同じだ。

また達成期間は、半年単位ぐらいで考えるといいだろう。それより短い期間で効果を得ようと思ったら、「飲み会には一切出ない」「休日はすべてトレーニングにあてる」といったように仕事や私生活で止《や》めなければならないことばかり増えてしまって、非現実的だ。

私は、達成期間と達成数値を決めるにあたっては、やはりプロであるトレーナーのアドバイスを聞き、自分の要求とすり合わせていくのがいいと考える。

たとえば、身長170センチで体重100キロの人が、半年で35〜40キロのウェイトロスを考えていたとする。

しかし、そのような過激な目標は挫折の最大の原因になるし、仮にそのとおりに痩せられたとしても、皮膚がたるんだり、体にトラブルが起きるのは確実だ。その場合プロであれば、軌道修正して、現実的な目標を提示することができる。

トレーニングが成功する仕組みづくり

目的の明確化、目標の設定ができたら、いよいよプログラムの作成に移る。目的と目標がしっかりしていれば、雑誌や本などの情報をもとに独力でプログラムを組むことも不可能ではない。しかしトレーナーに依頼すれば、トライアルアンドエラーに費やす時間が大幅に減ることは知っておいてほしい。

もっとも、トレーニングは継続して初めて効果が出るものである。トレーナーがいくらすばらしいプログラムを組んでも、それを実行し続けなければ意味がない。

そこで必要になるのが、先にも述べた「仕組み」なのである。

いま、マラソンやトライアスロンに挑む経営者が増えている。マラソンもトライアスロンも心身の限界に挑む競技である。知人の経営者は、完走することで得られる達成感は、会社経営にとっても大きなプラスになると話してくれた。

だが私の考えでは、競技それ自体が持つ精神性に加えて重要なのは、トレーニング継続のための仕組みとしてのイベント性である。マラソンにしろトライアスロンにしろ、参加するためには、当然のことながら、相応のトレーニングを日々続ける必要がある。大会に出ることが、トレーニングを継続するための強力な動機づけとなっているに違いない。

毎年1回、ロタ島で開かれるトライアスロン大会には、日本を代表する若手経営者たちがチームを組んで参加しているそうだ。マラソンなどでなくあえてトライアスロンであること、国内でなく海外での大会であること、経営者仲間でチームを組むことなど、トレーニング継続のための「仕組み」という観点からみてもとても興味深い。優秀な経営者というものは、自然と

トレーニング開始までのフローチャート

目的の明確化

↓

現状の把握

・身体の現状把握
・環境の現状把握
・スケジュールの把握

↓

目標の明確化

・期限（いつまでに？）
・頻度（週何回？）
・具体的数値（どうするか？）

→ 専門家、経験者に相談

↓

仕組みづくり

・パーソナルトレーナーをつける
・一緒にトレーニングする人を探す
・自宅や会社に近いフィットネスクラブに通う
・アウトプットの場を設定する（ex.マラソン大会に出る）
・周囲に公約・宣言する
・自分にご褒美をあげる（ex.目標達成できたら○○を買う）

↓

実行！

そういった仕組みをつくり、トレーニングが成功するように自ら仕向けているのである。

仕組みの例は、前ページの図にあげた。これをみてもらえれば分かるように、トレーニング継続のための仕組みは、「イベント性」「サポート環境」「報酬」から構成されている。

いきなりマラソンやトライアスロンは無理だとしても、自分の性格や生活環境に合わせた仕組みをつくることは、トレーニング成功の必須条件である。

カッコいい自分をイメージする

初めてのジムに行くときは誰でも緊張する。でも、ジムに足を踏み入れたら、理想のカッコいい自分になったものとして振る舞うべきだ。

「カッコいい自分」というセルフイメージを持つことは、トレーニングを長く続けていくための、実は重要な秘訣だ。人間というのは単純なもので、「自分はカッコいいんだ」と思い込むだけで、バーベルを1回ぐらい余計に上げられたりする。

ウェアがおしゃれだと効果も高まる

そして、セルフイメージをキープするために大きな力を発揮するのが、ウェアだ。

トレーニングウェアを選ぶときは、体にフィットして動きやすいとか、汗をよく吸うといった機能面に目を向けがちだ。しかし、見た目もそれと同じぐらい重要なのだ。

身につけるものは真っ先に目に入ってくるものだから、他人はやはり見た目でその人のイメージをつくりあげてしまう。

たとえば、自分はカッコよく振る舞いたいと思っていても、ジムのレンタルウェアを着ていたら、周囲もそれなりにしか接してくれない。

急場しのぎで借りるのは仕方ないとしても、そもそもレンタルウェアは、機能性も低いしデザインも垢抜けていないことが多い。

レンタルシューズなど最悪である。誰が履いたか分からない靴を履くわけだから、たとえ消毒してあっても、何より気持ちが盛り上がらない。

「トレーニングウェアなんか、どうだっていい」

「トレーニングさえできれば、見た目はかまわない」

と言う人もいるが、私のこれまでの経験からすると、ウェアのおしゃれを楽しめる人のほうが、トレーニングの効果は確実に上がっている。

だから私は、クライアントのモチベーションが最近落ちているなと思ったら、「ウェアでも、替えましょうか」とか、「シューズを替えましょうよ」などと提案することがある。その結果、またやる気がアップして状況が改善したケースが何度もあった。

多少体がたるんでいても、ウェアがカッコよかったら、「あの人できそう」「トレーニングに対する意識も高いのかな」と周囲は思ってくれる。何より自分自身が、そんなふうに錯覚してしまう。その錯覚を大いに利用するために、ウェア選びには気合を入れてほしい。

スタイリッシュで機能的なウェアとは?

もちろん、トレーニングで着る以上、機能的であることは大前提だ。カッコよくて、しかも機能性があるものを選ぶこと。

これまでは日本でスタイリッシュなウェアを探すのは大変だったが、最近はトレーニングがブームになったおかげで、いろいろとカッコいいウェアが出ている。各メーカーではフィットネス専用のラインナップを充実させてきた。

なんといっても、いま、トレーニング界で大流行なのは、「アンダーアーマー」というメーカーのウェアだ。ゴルファーにも愛用者が多いし、米軍も採用している。私も持っているウェアはほとんどがアンダーアーマーだ。何がいいかと言うと、まず体の動きをまったく邪魔しない。裸でいるのと同じような感覚で、一瞬、着ているのを忘れるぐらいだ。私は寝るときにもアンダーアーマーを着ている。

あえて欠点をあげれば、生地が薄いせいか、摩擦に弱いことくらいだ。一般的に、伸縮性のよい生地は動きを邪魔しないメリットがある反面、摩擦に弱く穴が開きやすい。

また、今はどのメーカーのウェアも、「速乾性」や「吸湿がいいこと」を謳っているが、そういう素材は汗が染みつきやすいのか、何回か着ると、洗濯しても汗のニオイがとれないのが私としては気になる。

コットン素材も丈夫で肌触りがいいので好きなのだが、乾きが遅いので、汗をたくさんかいてしまうと、ウェアがびしょびしょになってしまい、風邪をひきやすい。体を動かすたびに、体を布地に引っ張られるような感じも、ちょっと煩わしい。

おしゃれなウェアが増えているのはとても嬉しいが、機能面ですべてを満たすウェアがなかなかないのは残念なところだ。

シューズ選びは機能性を最優先に

機能性がより重要になってくるのは、足回りだろう。

トレーニングをするのであれば、やはりスポーツメーカーのシューズが最も信頼できる。

先日、ジムで、海外の高級ブランドのスポーツシューズを履いてランニングをしている人を見かけた。デザインは確かに洗練されている。ところが底がペラペラなのだ。そんなシューズで走っていたら、振動がそのまま体への負担となり、膝が痛くなってしまう。

本人としたらカッコよく決めているつもりなのだろうが、少しでもトレーニング経験がある人が見たら、「トレーニングをよく知らない、はやりもの好きの人なんだな」と思われても仕方がない。体にデメリットがあるだけでなく、セルフイメージにも傷がつきかねない。

逆に筋トレには、やはりクッション性の高いランニングシューズを選ぶべきだ。ランニングには、ランニングシューズは不向きだ。クッション性がありすぎて、重たいものを担いだとき体が弾んでしまう。筋トレには、小学生のときに履いた体育館シューズのような、底があまり厚くないものがいい。

シューズは目的によって使い分ける必要があり、そのときに最優先すべき事項は機能性である。決してブランド名だけで選ばないでほしい。

礼儀正しい所作が一番カッコいい

ジムに行ったら理想の自分として振る舞うべきと述べた。

だが傲岸不遜の「オレさま」になってはいけないし、人からバカにされないようにと、やたらにファッショナブルな、ブランドもののウェアを鎧《よろい》のごとく着込んでしまってもいけない。

ジムでのカッコいい立ち居振る舞いとは、基本的に礼儀正しい所作《しょさ》につきる。

マシンを長時間独占したりするのは論外。ベテラン、初心者関係なく、お互いに気持ちよく譲り合うことで、トレーニングは楽しくなるものである。

また、マシンは可能な限り静かに使い、大声を出したりしてはいけない。もちろん苦しいときには、誰でも声が出たり、ガチャンと置いてしまったりする。それは止むを得ない。しかし基本的には静かに無駄のない、そして周囲に気を配った動きを意識すべきだ。

そうすることで、「あの人はちゃんとトレーニングしているんだな」というイメージが、まわりにも伝わる。

実際、きちんとトレーニング効果が上がり、筋肉が大きくなっている人は、どんなときも必要最小限の音しか出さない。道具の扱いもていねいで、ガチャガチャうるさくしない。大したことのない人に限って大げさな声を出したり、いかにも「重かったぜ」といわんばかりに、バーベルを派手に落としたりするものだ。

以前に比べてフィットネスクラブ人口が増え、それにともなってマナーの問題が多発するようになった。つまらないトラブルでトレーニングの集中力を低下させていては、投資した時間がムダになるだけだ。いまやトレーニングする人にも「品格」が問われる時代と言えるのかもしれない。

スタッフには笑顔であいさつを

ジムのスタッフには自分からあいさつし、笑顔で接するのがいい。ジムに通いはじめのころは、マシンの使い方からロッカーの借り方まで、いろいろ分からないことが多い。そんなとき、余計なガードを張らずに、「初めてで、分からないことだらけだから、教えてください」という姿勢で臨めば、スタッフの側も気持ちよく応じてくれる。

パーソナルトレーナーだけでなく、フロントのスタッフ、清掃やタオル交換をしてくれるアメニティスタッフ、みんな同様だ。

ジムのスタッフとよいコミュニケーションをとることは、結局、自分にとって快適な環境づくりにつながる。自分の顔を見れば笑顔を見せてくれるスタッフがいたほうが、トレーニングに行くのが億劫なときでも、重い腰があがりやすくなる。

また、スタッフとよい関係ができていると、いろいろな情報が自然と入ってきやすい。

たとえばジムの休館日。ジム内にあらかじめ掲示されていても、気がつかないことがけっこうある。忙しいスケジュールをやっとやりくりして、ジムにかけつけたら、シャッターが下りていて休館日。そんなことがあると、モチベーションは一気に下がってしまう。

でも日頃からスタッフとのやりとりがあれば、「今度の火曜日は休館だよ」というような情報は、どこからともなく耳に入ってくる。小さなことだが、これは思っている以上に、重要なのだ。

もっともジムにはおしゃべりをしにくるわけではないので、コミュニケーションに熱心になりすぎてはいけない。ましてや誰彼となく話しかけて、自分の会社の商品を売り込んだりするなど問題外だ。

できる人は余分なものを持ち込まない

あまり多くは語らず、かといって無口でもなく、静かに最小限の動きをする人。ジムの中では、こういう人が一番カッコいい。

ついでにいうと、荷物も最小限の人がカッコいい。

極端なことを言うと、タオルとシューズとウェアと、ノートだけを持ってくればトレーニングはできる。

それを、トレーニングベルトだのプロテインパウダーの袋だの、毎回、全部一式をトレーニングルームに持ち込む人がいる。そういう人にかぎって、トレーニングのほうは大したことがない。

プロテインは普通、専用のカップに1杯分のパウダーを入れ、ジュースや水で割ってシェイクして飲むのだが、そんなことはトレーニング終了後、ロッカールームでやればいいことだ。

もちろんトレーニング中に飲んでもいいが、1袋丸々持ち込む必要はない。

なぜ荷物が多くなるかというと、トレーニング計画がきちんと立っていないからだ。「今日はアレもしようかな、コレもしようかな」と迷うから、「アレも持っていかなければいけない、コレも」になってしまうわけだ。トレーニング方法をちゃんと知っていて、シンプルなプログラムを着実に実行している人は、行動も荷物も無駄なものがない。

気持ちを切り替える「儀式」の勧め

ジムに一歩足を踏み入れたら、その瞬間から理想の自分として振る舞うことだ。その自覚が、苦しいトレーニングを支えてくれる。

しかしぎりぎりまで仕事をしていて、急いで駆けつけたりすると、急には切り替えられない。そこで、気持ちを切り替えるための「儀式」を行うのである。

私はジムに行くと、まず短いメモを書く。私の行っているジムには、ロビーにカウンターと椅子がある。ロッカーで着替える前にそこに座り、トレーニングノートをとり出して、一行くらい、そのとき思っていることを素直に書くのだ。

トレーニングノートは、その日のトレーニング内容を記録する市販のものだが、その余白に「今日は頭が痛い」とか、「来るのがめんどくさかった」「こんな日にトレーニングしてもダメだなあ」など、とにかく正直に書く。

トレーニングに関係ない、仕事や人間関係の悩みを書くこともある。「こんなにムカツクことがあった」とか、「彼女とケンカしてしまった」とか。そのとき心に一番強く感じていることをなんでもいいから書く。

私自身、トレーニングを始める前は、モチベーションが低いことがよくある。だが短くていいから、それを言葉にして書くことで、ネガティブな思いをふっきることができる。

それからロッカーに行き、着替える。これで私にとっての「儀式」は完了だ。

トレーニングを終えたら、着替えて、またそのときの気持ちをメモする。自分では深刻に悩んでいたつもりでも、トレーニングを終えると「大したことなかった」という気持ちになっていることが多いのは、先にも述べたとおりだ。

人によっては、ジムに入る前にプロテインドリンクを飲むことや、ロッカーで体重計に乗ることが儀式かもしれない。鏡の前でポージングをして気合を入れるのを儀式にしている人もいる。

とにかく大事なのは、日常とトレーニングを区別するラインを設けることだ。

終わったらすぐ次回のメニューを決める

その日にどんなトレーニングをしたかを記録するのは、多くの人がやっている。

私はさらに、1種目が終了したらすぐに、次回のトレーニング時に扱う重量や回数を決め、それをノートに書き込むようにしている。

これはクライアントにも勧めているやり方だし、1人でトレーニングをしている人にはとくに効果的だと思う。

具体的に言うと、私は市販のトレーニングノートを使い、日付と実行した種目、回数やキロ数を記録する。何月何日、ベンチプレス、60キロで10回、70キロで8回、80キロで6回、といった具合に、実際に行ったトレーニングの内容を記録する。

そして次の種目に移る前に、

「今日60キロ×10回は楽チンだったから、次回は70キロからスタートしよう」

「最後の80キロ×6回も楽だったから、もう80キロはいいよな」

「じゃあ来週は、もう90キロにいっちゃおう」

というふうに、次回の内容を決めておくのだ。

ここでのポイントは、その日の自分の体調や、自分にとってのきつさを覚えているうちに、次回のメニューを決めるところにある。プロの私たちでも、ウェイトや回数は覚えていても、

ある日のトレーニング記録

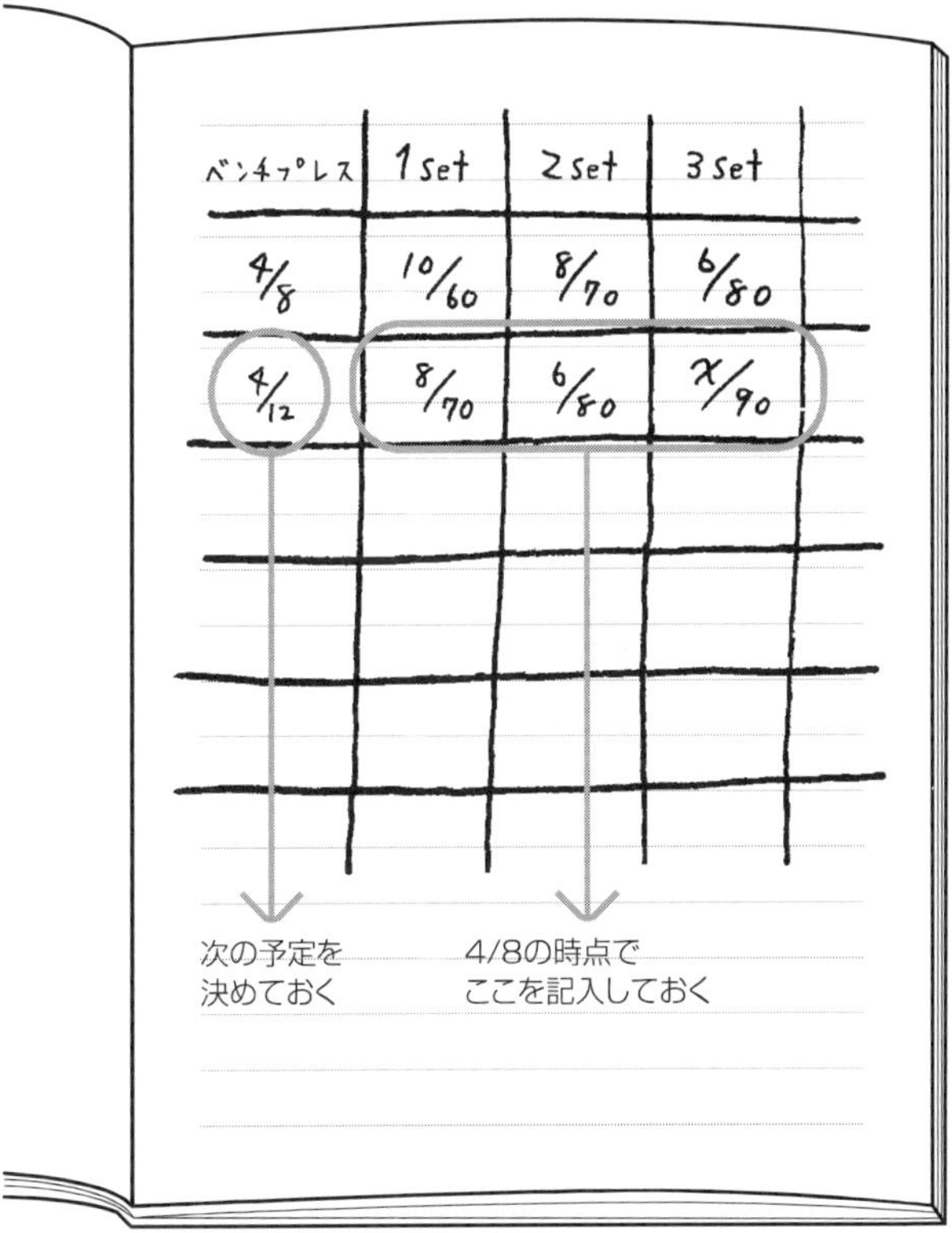

・トレーニングの目標（ex.回数重視か？　負荷重視か？）
によって記入方法は異なる

きつかったのか、楽だったのかという感覚までは忘れてしまうからだ。

トレーニングの本を読むと、トレーニングの内容は「その日の体調で決めよう」と書いてあることが多い。しかしその日になってから決めるのでは、「とりあえず、この前と同じところから始めてみようか」となる。その同じレベルで足踏みしてしまうエネルギーがムダだ。

前回のトレーニングで、60キロ×10回が楽勝だったなら、次回はおそらくもっと楽に感じる。だったら前回の時点で、「次は70キロから始める」と決めておけば、60キロ×10回は使わなくて済んだエネルギーだ。70キロからスタートしていれば、その日は90キロまで上がったかもしれない。

第3章で「意識性」について述べた。いつも「何となく」トレーニングしていては、効果が少ない。常に「実力を上げていこう、レベルを上げていこう」という意識を持つことが重要なのだ。

なりたい自分になるための習慣

ビジネスの世界では、実現したい目標を手帳などに書いて持ち歩き、常に見返すことが大切だといわれる。「夢ノート」を書いている人もいる。

私が次回のトレーニングメニューを書くのもそれと同じだ。

「次回これぐらいできるだろう」というのは、ある種の夢だとも言える。現実的にできるかどうか、保証はない。当日になってみたら、体調が悪くてできないかもしれない。仕事でアクシデントがあって、ジムに来ること自体できないかもしれない。

それでも、「こうなりたい」という希望をいつも書いておくのだ。

そういう習慣をつけることによって、いくつか書いた夢のうち、必ずどれかは達成できるようになる。

70キロと書いたのに、やってみたらきつくてとても無理だった。そんなときは、それを修正すればいい。そうすることによって、自分の問題点を洗い出す能力がつくし、体との対話ができる。

「なんだか今日は体調が悪いな」

「あ、そういえば3日前、夜更かししたな」

「朝飯を食べていないからかもしれない」

というように自分の生活にフィードバックさせることもできる。

トレーニングが終わるごとに次回の目標を設定することで、トレーニング習慣と自分の生活やメンタルとの間に、よりよい循環が生まれてくるのだ。

よりシンプルに、よりショートに

ジムに長居しない。これもトレーニングを続けるうえで重要なポイントだ。トレーニングは集中してさっさと終わらせるように「意識」する必要がある。

私の場合、かなりトレーニングに体が慣れているので、特にウォーミングアップはしない。いきなり本番に入って、全トレーニング工程は40分程度で終了する。

トレーニング初心者は覚えることも多いだろうから、最初のウォーミングアップからクールダウンまで、1時間以上かかってしまうだろう。しかし時間をかければいいというものではない。トレーニングの効果は集中度に比例する。ダラダラしていたら、トレーニングの質は低下する一方だ。

実際、多くの優秀なボディビルダーは、1回のトレーニング時間は1時間ぐらいだ。そのうち本当に集中しているのは正味30分ぐらいだろう。それ以上やっても集中力は続かないと思う。

よく「気合があれば、集中力は続くんだ」というような根性論を言う人がいるが、現実問題として、とても続くものではない。集中できないからといって総トレーニング時間を延ばして補おうとしても効果は上がらない。

1時間なら1時間とタイムリミットを設定し、絶対に延ばさないという決まりを自分のなかでつくっておく。そうすれば、「無駄は徹底的に省かなければ」いう意識が働き、一つひとつの動作に集中できる。荷物も減る。それがトレーニングの効果を最大限に引き出すコツであり、同時に継続のためのコツでもある。

よりシンプルに、よりショートに。これが私のトレーニング哲学だ。

プログラムには柔軟性を持たせる

仕事に長期・短期のスケジュールが不可欠なように、トレーニングも、長期・短期のスケジューリングがうまくできるかどうかで、成果が大きく左右される。

トレーニングスケジュールの作成にあたっては、まずは年間を通して、プライベートと仕事のイベントなどを書き出し、トレーニングに集中できる時期、難しい時期を把握する。

その後、トレーナーと相談し、1カ月単位、3カ月単位、半年単位、年単位のトレーニング目標を設定し、実際の日付に落とし込んでいく。

ここで多くの人がやりがちなミスは、やる気があるからといって、現状を一度に大きく変えることを前提にして、スケジュールを組んでしまうことだ。しかしそれではうまくいかない。トレーニング成功の秘訣は一度に多くを変えず、少しずつ変えることであることは先に述べたとおりだ。

そして次に、プログラム作成に入る。

プログラムの詳細は本書の目的とは違うので、あえて示さないが、プログラムとして決めておくべきことは、実施種目、負荷の大きさ、頻度、期間である。これがないと目標達成までのイメージが不明確になり、質の低い、集中できないトレーニングを余儀なくされてしまう。

また、プログラムにはハード・イージーのメリハリが重要だ。常に最大努力が必要なプログラムを組んでしまうと、必ずと言っていいほど、挫折する。

忙しい時期にハードなトレーニングは難しいから、あまり時間を必要としない軽めのプログラムを組むべきだし、逆に集中してトレーニングできる時期であれば、ハードにすべきである。とかく「頑張りモード」一辺倒のプログラムを立てがちだが、トレーニングプログラムには、緩急の柔軟性が必要なのだ。

思う存分、好きなだけ――20〜30歳の人の基本方針

前にも述べたように、「いま、何歳か」によって、トレーニングの効果は大きく変わる。

ここではトレーニングプログラムを作成するうえで、年齢ごとにどのような点に留意すべきか、大まかなポイントを述べておきたい。

私はトレーニングに通う人々の年代を、1期から5期に大別している。

1期は、20〜30歳。この年代はトレーニングの効果が最高に出やすい時期で、トレーニング

スケジューリングとプログラム作成の要点

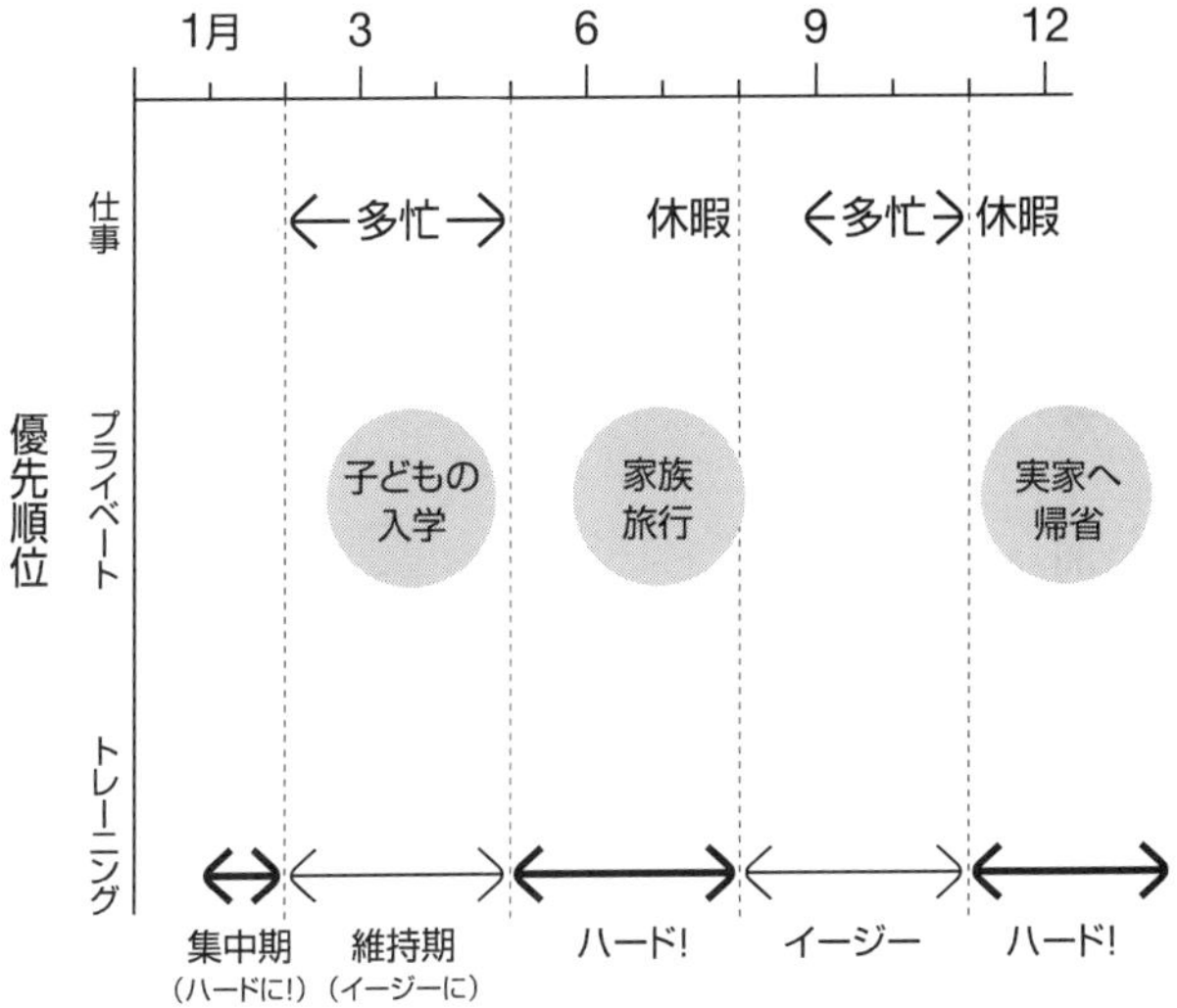

・優先順位は人それぞれだが、トレーニングは基本的に後回しでよい
・仕事が多忙な時期や行事が立て込んでいる時期にハードなトレーニングをするスケジュール(プログラム)を組んではいけない

↓

挫折の原因!

適齢期と呼ばれている。

この10年間にどれだけトレーニングをしたかで、その後の筋肉の発達度合いが変わってくる。無理をして健康を害さないことが前提だが、私としては、「思う存分に、好きなだけやってください」と言いたい。もし本書を読んでいる人が20代なら、一日でも早くトレーニングを始めたほうがいい。

自分にはどんなトレーニングが向いているか、自分の肉体を使って実験するのにふさわしい黄金期だ。痛みや疲労を無視してはいけないが、やれるだけやってみるといい。あらゆる種目に挑戦してみて、自己探求に使うべき年代である。

ただし、ストレッチは毎日すること。トレーニングをしない日でも、風呂上がりなど体の温まっているときにストレッチだけはすべきだ。

生活についても、特に注意はない。食べたいものを食べていいし、遊びたいだけ遊んで見聞を広めるべきだ。少しぐらい睡眠不足になっても問題ない。疲労もすぐ回復するので無理がきく。

仕事とトレーニングの両立を――30～35歳の人の基本方針

2期は30～35歳。「なんか最近、腹が出てきたな」というように、少しずつ悪い方向に体が変わり始める時期だ。でもまだトレーニング効果は出やすい。

この年代は、ちょうど仕事が忙しくなる時期に当たる。トレーニングを始めても、仕事の忙しさを理由に脱落する人が非常に多い。したがって、高度なスケジュール管理能力が求められる。この時期は、計画的にトレーニングできるような環境整備に力を注ぐべきだ。

かといってトレーニングに集中するあまり、仕事が中途半端になってはいけない。私のクライアントの経営者は、この年代までに仕事で手応えをつかめない人は、生涯パッとしないと言っている。仕事もトレーニングもなんとか両立させよう。それくらいの体力は十分あるはずだ。

生活面では、食事の量を少し減らすこと。若いころと同じペースで食べていると、徐々に脂肪となって蓄積されてくる。特に夜遅い時間の飲食は控えること。

また、20代のころ以上にストレッチに時間をかけること。

30代になったら、年に1～2回は健康診断を受けることも習慣にしてほしい。

自分で決めたスケジュールを守ること――35～40歳の人の基本方針

3期は、35～40歳。この年代は、体のあちこちが目に見えて、たるみ始める。無意識に自分のお腹を触っている人も多く見られる。

まだ力も入るし、重いものも上げられる。だが、何となく効果を感じにくくなる。そしてこの頃から、ぎっくり腰になりやすくなる。この年代はトレーニングにより、どうしても筋肉が硬くなりがちだから、ひどくなる前にマッサージなどの治療を受けるとよい。

トレーニングの注意事項としては、自分の決めたスケジュールどおりにやっていくこと。プログラムにメリハリをつけ6週間程度で変更すること。疲労の回復期間をあらかじめ設けることなどがあげられる。

生活面では、食べる量に加えて、食べるタイミングが大事になってくる。仕事が忙しすぎて食事を規則正しく摂れないと、次に食べた食事がそれだけ吸収されやすくなってしまう。寝る前のドカ食いが、てきめんに響くようになる年代でもある。

できればトレーナーをつけて——40〜45歳の人の基本方針

4期は40〜45歳。40代の手前までは、トレーニングをしなくても、生まれつきの体質でなんとかなる。ところが40を越すと、鍛えている人とそうでない人の差が、残酷なくらいはっきり表れてしまう。肉体の衰えをお金でカバーしようとしたりするのもこの時期の特徴だ。

体力的には、セルフイメージと実際の能力にギャップが出てくる。力もあまり出なくなる。握力など計ってみたら、「え？　こんなに弱くなってるの？」とびっくりするかもしれない。当然、トレーニング効果はあまり出ない。

その一方で、トレーニング中に肩や腰が痛くなることが多く、いってみれば「痛み盛り」である。この時期にトレーニングをはじめる人は、やはりトレーナーをつけて、マッサージやストレッチング、アイシングなどケアを怠らないことが大事だ。

実生活でも肩こりや腰痛、目の痛みなど、さまざまな症状が出てきやすくなる。

生活上の注意点は、3期とそれほど変わらないのだが、とにかく食事の量を少しずつ減らしていく必要がある。

筋肉を回復させるには、睡眠時間を確保することだ。いくらマッサージしたところで、睡眠がなければ何の意味もない。睡眠が一番大事なケアだから、きちんと眠ることだ。

効果を上げるよりケアを優先――45〜50歳の人の基本方針

5期は45〜50歳。この時期の特徴は、筋力が確実にガクンと落ちることだ。最近は男性でも更年期障害のような症状が出る人もいる。いままでのトレーニングの蓄積の有無がてきめんに表れる。

メタボリックシンドロームを気にする人が多いが、少し有酸素運動をすると、健康診断ぐらいには「受かる」。

もっとも健康診断にパスしたからといって、その後もずっと健康でいられるという保証はない。そのあとも継続して運動しないと意味がない。そうでないと、すぐ元に戻るようになっている。

トレーニングの後の筋肉痛は2日くらいたってからようやく表れるようになってくる。トレーニング効果はあまり感じられない。またもうひと踏ん張りが利かなくなるので、トレーナーをつけたほうがいい。

効果を上げようとするよりも、ケアを最優先にすべきだ。たとえば疲れていて今日は無理だと感じるなら、筋トレの強度を下げ、軽い有酸素運動をして、ストレッチングを長めにする、といった柔軟性が必要になる。

生活上の注意としては、食事の質・量・食べるタイミングに相当な注意を払わなければならない。当たり前のことだが、油物は控え、週に2日は禁酒日を設け、内臓にかかる負担を減らすべきである。

プログラムは6週間ごとに見直しを

完璧なスケジュールやプログラムは存在しない。それに仕事の状態や体調は常に変化するものだから、定期的に見直す必要がある。

そのためには、睡眠、食事、トレーニングの実際の実施時間を記録しておき、自分にはどのパターンが実行しやすいか、効果が上がりやすいか検討してみるといい。

ただし完璧を追い求めてはいけない。トレーニングを始めて半年くらいは60%程度の出来でいい。

試行してみた結果、うまくいかないようなら、次のことを見直してみるとよい。

・仕事やプライベートの時間の使い方に無駄はないか
・睡眠、食事、トレーニングのバランスはとれているか
・体調はどうか（疲労がたまり回復しないならスケジュールに無理がある）

見直しのサイクルは人それぞれだが、同じ内容のトレーニングプログラムを3カ月も続けると、効果が頭打ちになってしまうし、疲労が一部に集中する危険性がある。

私は、クライアントには6週間程度で見直すことを勧めている。

トレーニング疲労には2種類ある

適度な疲労は、筋肉を成長させるための必須要素だ。

しかし、継続した強すぎる刺激は慢性疲労の原因になり、睡眠をとったり栄養を補給したりしてもなかなか回復しなくなる。そうなればトレーニングを継続するどころか、生活そのものに影響が出てくる。

そうなる前に疲労の兆候を見抜き、休養を取る必要がある。またトレーニングプログラムに、あらかじめ自分にあったタイミングで、回復期間を組み込んでおくことも必要である。

トレーニング疲労には2種類がある。

まずは一過性の疲労だ。これは原因が特定でき、腰がだるい、肩が痛いなど体の一部が部分的に疲れる。

一過性だからといって、油断してはならない。放っておくと、これが原因で慢性疲労に陥ることもあるからだ。

一過性の疲労は、次のようなことが特徴である。

・トレーニング時に部分的に痛みがある
・トレーニング後、部分的に熱っぽい
・痛みのある部分を押すとイタキモチイイ
・トレーニングを始めたときに体の硬さがある
・朝起きたときに体が硬い

次に、慢性の疲労である。原因となる要因が多く、特定しにくい。体のどこが疲れているというわけではなく、全体的に疲れている。たとえば睡眠はとれているのに、いつも眠く、やる気が起きない、だるさがあるなどは、典型的な症状だ。

慢性疲労は次のような特徴がある。

- 半年以上ジムに通っているのに、最近になって急にジムに行く気がしない
- 自分にはトレーニングのほかに優先すべきことがあると感じ、トレーニングすることが重荷だと思う
- トレーニングの時間にほかのスケジュールを入れがちである
- 慢性的に眠い
- 朝起きるのが辛い
- 起床時に血圧が高い
- 意識的に減量していないのに、体重が減少する
- 関節痛や筋肉痛が抜けない
- 体が硬い（伸ばしても、または触っても硬く感じる）
- ジムスタッフの言動にイライラする
- 職場や家庭でイライラすることが多い
- トレーニングに時間を費やすことがバカバカしく思える
- 顔色が良くない
- 癒し系の音楽を好んで聴くようになった

・同じ食品だけを無性に食べたくなる（例えばたえず焼肉が食べたくなるとか）
・食欲がとまらない

ときには完全休養が必要なことも

一過性疲労の場合は、対処法としては次のようなことがポイントになる。
・痛みや炎症のある部位に負荷がかからないエクササイズやプログラムを選択する
・トレーニング後のストレッチやマッサージなど、ケアをしっかりする
・トレーニング後に痛みを感じる部位や炎症のある部位をアイシングする（冷たいシャワーを2、3分当てるだけでも効果的だ）
・クロストレーニングをする（クロストレーニングとは、いつもとは違うトレーニング内容のことで、例えばいつも筋トレをしているのであれば、水泳やヨガなどを行うこと。一過性の疲労であれば1週間程度クロストレーニングをすれば回復する場合が多い。なおこの間、筋トレはやらない）
慢性疲労の場合は、いったんトレーニングから離れることをお勧めする。

医師の診断を受け、治療法があればそれに従うべきだ。

また、原因がトレーニング以外の仕事やプライベートにあるなら、そのゴタゴタを見つめな

おす。そのためにもある期間、完全休養が必要だ。場合によっては、トレーニングの目的を見直し、ジムを変えたりトレーナーを変えたりすることを検討したほうがいいこともある。

慢性疲労に陥る前には、必ず何らかの兆候がある。それを見過ごした、あるいは見ないふりをした自分を反省し、再びトレーニングを始めたときには、同じ状況に陥らないようにしてほしい。

第9章

筋トレで学ぶ成功法則

成功者はマシンの使い方が静か

いままで私はトレーナーとして、いわゆる富裕層と呼ばれる人たちを多く指導してきた。なかには親の代からの金持ちという人もいるが、ほとんどがビジネスで人より抜きんでた結果、社会的地位や収入を手にしてきた人たちだ。

私なりに彼らを観察していると「成功する人はこのように振る舞うんだな」「成功する人はこういう考え方をするんだな」ということが分かってくる。

トレーニングに関してはこちらが指導する立場だが、それ以外のところで、私は彼らから非常に多くのことを学んできた。

まず彼らに共通するのは、ジムのなかでの振る舞いがとても礼儀正しいということだ。

ジムで最も人間性が表れるのはトレーニングマシンの使い方だ。ダメな人は、マシンをお互いに譲り合って使うということができない。長時間、ずっと独り占めしてしまう。かといって意地悪で他の人に使わせたくないと思っているわけではない。「使ってもいいですか」と聞いてみると、「ああ、いいよ、使って」などと案外あっさり代わってくれる。

つまり本人としては「声をかけてくれたらいつでも代わる」という気持ちなのだが、大人の振る舞い方としては鈍感すぎる。

この点、成功者は、決してそんなことがない。周囲の人に対する想像力が働き、場を読んだ行動ができる。スタッフへの接し方も丁寧で、私のような年下の者にも、彼らの方からあいさつをしてくれる。

また彼らは、静かに、目立たぬようにトレーニングをするという点でも共通している。どんなに重いダンベルを持ち上げても、これ見よがしな大声を出したりしない。

彼らには、ジムは、地位も肩書きも関係ない、素の自分に向き合う場だという自覚がある。だから、自分を変に主張することなく、静かに目立たず振る舞うことができるのだ。

人との距離のとり方がうまい

また、成功者と接していて感じるのは、人との距離のとり方がうまいということだ。

あいさつをきちんとするのは当たり前。マシンの使い方が分からないときはスタッフやトレーナーに素直に質問する。しかし甘えることはない。

ジムに来て、仲間をつくってグループ化したがる人は少なくない。なかには、ほとんど運動もせずに延々とおしゃべりで時間をつぶしているような人や、「ここへ何をしに来ているんだ？」と思ってしまうような人も多い。

しかし成功者は、一人で黙々と体を動かすことができる。一人でいても、決してみじめな雰囲気は漂わせないし、かといって「むやみにオレに話しかけるな」といった、人を寄せ付けないオーラを発しているわけでもない。そうやって彼らがトレーニングに集中している姿は、際立ってカッコいい。

できる人というのは、人当たりよく振る舞おうと思ったらいくらでもできる。ジムで一緒になる人と世間話をしたり、親しくなったりすることだってできないわけではない。ただ、彼らは、ジムをそのような場だと捉えていないだけなのだ。人付き合いに振り回されたり、自分のやりたいことに支障が出るほどの関係になるのを避けるために、自分の意志で、一歩手前で踏みとどまることができる。「飲みに行こう」と言われても、相手を傷つけない断り方を知っている。

自慢話をするわけでもなく、派手に振る舞うわけでもないが、圧倒的な存在感がある。言ってみれば、「自分はこういう人間である」ということを、暗黙のうちに伝えるのがとてもうまい。

すぐれた首尾一貫感覚の持ち主

アントノフスキーという医療社会学者は、「首尾一貫感覚」(Sense of Coherence) という概念を提唱している。「有意味感」「把握可能感」「処理可能感」の3つの下位概念があり、この感覚を備えた人間は、ストレス対処に長《た》け、健康保持能力が高いと言われている。

　私がトレーナーとして接してきた成功者たちは、すぐれた「首尾一貫感覚」の持ち主だと思う。

　まず「有意味感」。人が生きているうちに遭遇するすべてのことには意味があると思う度合いである。成功者がこの感覚を備えているのは、たとえ失敗しても、それを取り戻してきたという自信があるからだろう。「今回はうまくいかなかったのは、次回にうまくいくためのステップなんだろう」と考えることができるのだ。

　この「有意味感」がなければ、苦しくて、しかも効果が目に見えにくいトレーニングなど、とても続けることはできない。彼らは、体を鍛えることが、自分のビジネスや人生によい影響をもたらすと確信しているからこそ、忙しい時間を割いて、トレーニングを続けることができる。「人生に意味なんかねえや」というニヒリストでは、ダメなのだ。

「把握可能感」とは、自分に起こる出来事を把握でき、環境に適応できるという感覚である。

　企業の経営者は、会社全体のすべての仕事を自分の目で確かめられるわけではない。しかし、すぐれた経営者は、会社の規模がどんなに大きくなっても、どんなに不測の事態に見舞われても、自分が社員を掌握《しょうあく》し、コントロールできているという確信を失わない。

　これは、私とクライアントの関係にも当てはまる。多くの成功者は、ビジネスには詳しくても、トレーニングに関しては、最初はまったく素人である。しかし、彼らは中途半端に勉強したり、知ったかぶりで知識を振りかざしたりしない。それは専門家であるトレーナーにお任せと割り切り、いわば知識のアウトソーシングをする。

彼らにとっては、自分のトレーニングも、いくつも進行しているプロジェクトの一つであり、私は彼らの部下のようなものなのだ。しかも、彼らは非常に人心掌握に長け、人のモチベーションを上げるのがうまいので、私も指導のやる気をかきたてられる。

最後は「処理可能感」。人生において起きる出来事は、すべて対処可能な経験であると感じられる度合いである。

私が指導してきた成功者は、みな前向きで楽観的、「ポジティブシンキング」の持ち主である。第5章で紹介した30代の男性は、失恋がきっかけでトレーニングをはじめた。ふられたときは、当然ながら大きなショックを受けた。しかし、「これは次にもっとかわいくて自分にぴったりの子と出会うチャンスなんだ」と考えて失恋の痛手をのりこえ、「カッコよく変身した自分」まで手に入れた。転んでもただでは起きないとは、まさにこのことだ。

精神と筋肉に共通する普遍の成長原理

成功者に共通するメンタリティとして、最後に上げたいのは「打たれ強さ」だ。

私が接してきた成功者のほとんどは、過去に一度ならず、どん底の時期を経験している。事業に失敗して多額の負債を背負ったり、信頼していたスタッフに裏切られたり。どんな成功者でも打ちのめされるときはある。しかし、彼らはそこからの回復の過程で、より強い精神力の持ち主へと成長できる人たちなのだ。

だから彼らは批判や孤独にも耐性がある。日本では、新しいことをやろうと思えば、

「どうせ失敗するに決まっている」

「うまくいくはずがない」

と批判されて足を引っ張られるのが常だ。しかし彼らはそういった人々の無責任な発言に耐え、決断をくだすだけの精神力を持っている。

人間の筋肉もまったく同じだ。トレーニングでは、わざと痛く、辛く、苦しいことをする。筋肉はいったん傷つかないと再生しないからだ。その再生の過程で、傷つく前よりも強い筋肉が育っていく。

精神も筋肉も、辛く苦しい様々な刺激を受け、それに適応すべく超回復し強化されていく。そして鍛えるという行為は、自分自身の意志で、自分でやるしかない。誰も代わりに強くなってはくれないし、他人がバーベルを上げてくれても、自分が強くなるわけではない。

精神力そして人間性を高めることと、筋肉を鍛えることはまったくの同列である。

「自らの意志で、自らに辛いことを課す」

これは精神にも筋肉にも共通する、普遍の成長原理なのである。

黙々と孤独にマシンに向かう成功者の姿は、そのまま、彼らがビジネスのピンチをいかにタフに乗り越えてきたかを物語っている。筋肉だけではなく、人間性そのものが「超回復」を続けているのが分かる。私は指導をしながら、いつも感動せずにはいられない。

鍛え上げられた筋肉は、人間としての成長の軌跡だ。彼らを見ていると、私はそのような確信に至るのだ。

著者略歴

山本ケイイチ

やまもとけいいち

㈱エネックス代表取締役。山本ケイイチトレーニング事務所代表。

NESTA公認パーソナルフィットネストレーナー。

13歳のとき独学でトレーニングを開始。高校卒業後、陸上自衛隊に入隊。

初級偵察教育課程をトップで卒業し隊長賞受賞。除隊後、

有名フィットネスクラブで、プロのアスリートやダンサー、経営者、

外資系エグゼクティブなどを指導。ハードなトレーニング経験と最新の

運動生理学・脳科学に基づいた独自のトレーニング理論が高い評価を得て、

指導依頼が殺到する。個人指導のほか、プロトレーナー育成、

フィットネスフードの開発など幅広く活躍する。

㈱エネックス　http://www.enex.in/

ブログ　サバイバルフィットネス http://svfit.cocolog-nifty.com/blog/

幻冬舎新書 087

仕事ができる人はなぜ筋トレをするのか

二〇〇八年五月三十日 第一刷発行
二〇〇八年七月三十日 第八刷発行

著者 山本ケイイチ
発行者 見城徹
発行所 株式会社 幻冬舎
〒一五一-〇〇五一 東京都渋谷区千駄ヶ谷四-九-七
電話 〇三-五四一一-六二一一（編集）
〇三-五四一一-六二二二（営業）
振替 〇〇一二〇-八-七六七六四三
ブックデザイン 鈴木成一デザイン室
印刷・製本所 株式会社 光邦

Printed in Japan ISBN978-4-344-98086-0 C0295
や-5-1

幻冬舎ホームページアドレス http://www.gentosha.co.jp/
＊この本に関するご意見・ご感想をメールでお寄せいただく場合は、comment@gentosha.co.jp まで。